北京市密云区巨各庄镇中心小学"葡萄树教育"的探索与创新

# 做活力生长的教育

孙翠明◎著

◎吉林大学出版社

·长春·

**图书在版编目（CIP）数据**

做活力生长的教育：北京市密云区巨各庄镇中心小学
"葡萄树教育"的探索与创新 / 孙翠明著 . —长春：吉林
大学出版社，2020.8

ISBN 978－7－5692－6850－8

Ⅰ.①做… Ⅱ.①孙… Ⅲ.①小学教育—教育研究—
密云区 Ⅳ.①G622.0

中国版本图书馆 CIP 数据核字（2020）第 145038 号

书　　名　做活力生长的教育
　　　　　——北京市密云区巨各庄镇中心小学"葡萄树教育"的探索与创新
　　　　　ZUO HUOLI SHENGZHANG DE JIAOYU——BEIJINGSHI MIYUNQU
　　　　　JUGEZHUANGZHEN ZHONGXIN XIAOXUE "PUTAOSHU JIAOYU"
　　　　　DE TANSUO YU CHUANGXIN
作　　者　孙翠明　著
策划编辑　李潇潇
责任编辑　李潇潇
责任校对　杨　宁
装帧设计　中联华文
出版发行　吉林大学出版社
社　　址　长春市人民大街 4059 号
邮政编码　130021
发行电话　0431－89580028/29/21
网　　址　http：//www.jlup.com.cn
电子邮箱　jdcbs@jlu.edu.cn
印　　刷　三河市华东印刷有限公司
开　　本　710mm×1000mm　1/16
印　　张　11.5
字　　数　125 千字
版　　次　2020 年 8 月第 1 版
印　　次　2020 年 8 月第 1 次
书　　号　ISBN 978－7－5692－6850－8
定　　价　58.00 元

活力生长美丽绽放

二〇季杨夏　　　略风惠书

# 目　录
CONTENTS

**第一章　"葡萄树教育"创建背景** …………………………………… 1

第一节　挖掘地域资源 ……………………………… 1

第二节　面向特定对象 ……………………………… 3

第三节　梳理葡萄文化 ……………………………… 4

第四节　确定教育目标 ……………………………… 6


**第二章　"葡萄树教育"理论建构** ………………………… 19

第一节　追溯理论来源 ……………………………… 20

第二节　阐释办学理念 ……………………………… 41

第三节　凝练基本特征 ……………………………… 46


**第三章　"葡萄树教育"课程探索** ………………………… 58

第一节　课程设计 ………………………………… 60

第二节　课程实施 ………………………………… 73

第三节　课程保障 ………………………………… 75

**第四章 "葡萄树教育"实践活动** ················· **81**

第一节 "葡萄树教育"实践目标················· 82

第二节 "葡萄树教育"实践特征················· 83

第三节 "葡萄树教育"实践成效················· 90

**第五章 "葡萄树教育"教师发展** ················· **97**

第一节 教师专业发展背景················· 97

第二节 教师校本研修途径················· 99

第三节 教师培训主要内容················· 105

**第六章 "葡萄树教育"评价体系** ················· **126**

第一节 教师评价················· 127

第二节 学生评价················· 142

第三节 课程评价················· 146

# 第一章

# "葡萄树教育" 创建背景

教育的本质意味着，一棵树摇动另一棵树，一朵云推动另一朵云，一个灵魂唤醒另一个灵魂。教育应该是潜移默化中的影响，是对灵魂的唤醒，是对精神的塑造。长久以来，在对自然、对万物的关照中，我追寻教育的本真与纯粹。

一棵棵繁茂的葡萄藤下，那一串串晶莹剔透的葡萄，在阳光雨露的哺育下，茁壮地成长着。有人喜欢直接品尝它的美味，有人喜欢品味葡萄酿成的美酒，而我喜欢它们一颗颗紧紧地簇拥，一串串顽强地生长。站在葡萄架下的我，欣喜地把我钟爱的教育与葡萄联系在了一起。于是，我在密云区巨各庄小学创建了"葡萄树教育"。

## 第一节　挖掘地域资源

密云区位于北京市东北部，是北京市重要的饮用水源地和生态涵养区。全区东、北、西三面群山环绕、峰峦起伏，巍峨的司马台长城绵延在崇山峻岭之上。中部是碧波荡漾的密云水库，犹如一颗明珠镶嵌在华北大地，西南是广阔的冲积平原，为首都提供各类精耕细作的有机农产品。2014年2月26日，习近平总书记在考察北京时提出"四个中心"，即全国政治中心、文化中心、国际交往中心、科技创新中心。习近平说，北京要明确城市战略定位，坚持和强化首都全国政治中心、文化中心、国际交往中心、科技创新中心的核心功能，深入实施人文北京、科技北京、绿色北京战略，努力把北京建设成国际一流的和谐宜居之都。习近平总书记的讲话，为密云把生态优势转化为发展优势，实现绿色发展指明了方向。我们要打造生态密云、红色密云、金色密云。

巨各庄镇位于密云区东南部，是古镇，历史悠久，底蕴丰厚。中部为东西向的山间平原，西北部为潮河淤积平原。镇内生态环境优美，旅游资源丰富，有北京张裕爱斐堡国际酒庄、蔡家洼玫瑰情园、首云国家矿山公园等知名景区，是北京市休闲农业与乡村旅游示范镇。镇政府秉承北京市"四个中心"定位，努力打造了一条以精品葡萄和葡萄酒庄为主的"酒乡之路"特色沟域经济产业带，"巨龙河谷，玫瑰情园；酒乡之路，醉倒世界"成为巨各庄地区生态建设的名片。

镇政府与张裕爱斐堡葡萄酒庄园合作，撬动了社会资金近5000万元，发展酿酒和鲜食葡萄7000亩，已经形成了万亩葡萄的基地规模，建成了天葡庄园、酒乡之路8号等19个小型精品葡萄酒庄。与此同时，镇政府充分发挥农民主体作用，引导丰各庄、水峪等11个村3700户农民发展庭院经济，栽植葡萄种苗14800株，其他村每家也分到几株葡萄种植,截至目前已经形成了"龙头辐射、农民参与、梯次分明、优势互补"的葡萄特色产业发展模式。

毗邻巨各庄镇政府的巨各庄小学,下辖一所小学、两所幼儿园,服务于 26 个行政村的幼儿和学生,目前校址建于 2003 年,从其前身白果寺初级小学,发展到现在的寄宿制学校,已经有百年历史,形成了一定的自身文化底蕴。我校现有 24 个教学班、12 个幼儿班,分别有 724 名学生、279 名学前幼儿、143 名教职工。学校科技创新教育特色凸显,整个校园占地 21000 平方米,学生校园内的活动场所极为宽敞,发展前景较好。我校因地制宜,充分利用地域资源,把象征活力的葡萄种进校园、种进班级,让学校的文化发展向地域特色靠近。现在我校班级有盆栽葡萄、学校有葡萄乐园、校外有实践基地。学生快乐地学习、幸福地成长,整个校园充满生机与活力。

## 第二节 面向特定对象

因为家家有葡萄,上下学必经之路有葡萄,著名的张裕爱斐堡红酒庄园又坐落在学校旁边,所以我校的孩子从小就认识葡萄、接触葡萄、欣赏葡萄,甚至和家人一起研究种植葡萄。再有,这些孩子通过学前教育、小学教育和初中教育,12 年的积淀,他们会通过高考步入不同区域、不同层面的高等学府,接受更高层次的教育和深造,通过调查了解,这些学子毕业之后,有 85% ~ 90% 的学生会回到密云或回到巨各庄镇工作,不管他们是务工还是务农,仍然要参与葡萄的科技种植管理与市场研究。从小就生活在葡萄产业镇，葡萄的营养与价值早就浸润着他们求知的经历与成长的历程。孩子们的父母及其祖辈的田产早已种上了一棵棵葡萄树，葡萄挂满藤条的喜悦，是全家人的希望和向往。葡萄的价值显而易见，葡萄的丰收，意味着家庭收入的增长。基于此，作为培养人才的基础教育学校，巨各庄小学就应该充分利用本土资源，发挥北京市"四个中心"定位功能，在培养科技创新精神和实践能力的基础上，对学生进行生命的教育、成长的教育、感恩的教育，同时进行从小爱家乡，将来投身家乡建设的乡情教育，从而培养孩子爱家乡、爱祖国的情感。

## 第三节　梳理葡萄文化

学校文化是一所学校的灵魂与气质，是一所学校的精神传承。如果说物质的极大丰富能够为今天的学校办学提供优质的基础条件，那么一所学校的精神底色又该怎样去引领与构建呢？直面这个办学中的关键问题，我们仔细梳理学校文化，以此提升学校的办学品位。

### 一、核心价值：活力、美丽、丰饶

葡萄不仅有晶莹剔透的外表，更有很多实用价值，如葡萄酒能让人健康美丽；葡萄树弯弯曲曲，努力向上成长，能让人感受到蓬勃的生机与活力；葡萄成熟后，一大串一大串地挂在葡萄藤上，其多子多福、丰收甘甜的寓意更象征着我们的教育。因此我们说"葡萄树教育"是活力的教育、美丽的教育、丰饶的教育。这既象征了学校的发展目标，也体现了育人目标，即在一个充满活力的校园中，让教师、学生都能积极探索、勇于创新，最终实现孩子、教师的活力生长，美丽绽放。

## 二、办学目标：建设"葡萄树教育"品牌校

柳宗元在《种树郭橐驼传》中用"顺木之天，以致其性"来说明"养树"与"养人"的道理——顺应自然规律。育人就像我们养葡萄一样，要顺应孩子的自然天性和发展规律，"葡萄树教育"就是以人为本教育理念的升华。我校致力于通过"葡萄树教育"理念，最终把学校建设成一个让学生美丽绽放，让教育结出累累硕果的快乐学园。教育部关工委常务副主任傅国亮看过我们葡萄园，听了我们的介绍，看到了孩子们在葡萄园的实践活动，他感慨地说："巨各庄学校不是在育才，而是在育人，是让孩子像葡萄一样快乐地学习、健康地成长"。

## 三、育人目标：培育美丽灵动的阳光少年

灵动，是一种内在的活力，展现了孩子的一种精神状态，自信、健康、活泼，这是实现人格发展的前提和基础。美丽的含义，分为外显的和内潜的。外显的美丽是孩子们干净整洁的仪表和文明有礼

的言行，内潜的美丽是他们在活力无限的校园内汲取营养、学有所长、个性发展、品德高尚、快乐成长，最终成长为美丽灵动的阳光少年。

### 四、校徽校训：活力生长、美丽绽放

我们的校徽，从颜色上看，采用了葡萄元素中的绿色和紫色，象征着活力；从形状上看，三个圆象征着葡萄果实，中间的叶形来源于葡萄树的叶子；从整体设计上看，使用了莫比乌斯圈，它具有魔术的神奇性质，也象征着我校的科技特色和培养学生的创新思维。自 2014 年 4 月建成葡萄乐园至今，学校各方面的工作都是在"葡萄树教育"理念的引领下开展的，深化了"活力、美丽、丰饶"的内涵。我校通过校园环境的布置，体现外显的活力与美丽；通过开展丰富多元的教育教学活动，激发师生的"活力"；通过开展"巨小美丽少年"评选活动，挖掘孩子内在的"美丽"；通过开展"快乐科技、梦想起航、活力校园、溢彩飞扬"的科技教育活动，让师生们在竞技中散发出更大的活力。各项活动的开展过程，就是每位孩子活力生长、美丽绽放的过程。

## 第四节　确定教育目标

我们学校的每个学子都怀揣着家乡的"葡萄梦"走进校园，学

校给予学生的教育就应是"凡益之道，与时偕同"。一是育人导向，更加注重学生理想信念和核心素养的培养，突出学生终身发展的核心素养。二是关注课程的综合化、主题化发展趋势，强调课程整体育人的功能和价值。三是更加关注学生的学习体验、动手实践及创新意识的培养，突出实践育人的价值。历经几年的实践，学校探索出一条从葡萄科技到葡萄文化，再到葡萄课程的一条农村小学优质发展之路，让我们的孩子德智体美劳得到全面发展，使每一个走出巨各庄小学的孩子，脸上都洋溢着阳光、自信、朴实、大气。

## 一、培养学生的劳动能力

初春，学校组织学生将葡萄树"扶藤上架"，通过挖土、扒条、绑架的过程，让学生在动动手、出出汗的同时，体会春种的意义；盛夏，学生穿梭在葡萄架下，给葡萄树掐尖、打杈，做葡萄园的"育葡人"；金秋，学生亲手采摘下一串串成熟的葡萄，品尝劳动的成果；入冬，学生尝试酿造葡萄美酒，驱除冬日的寒冷，给人们带来温暖。学生一年四季，通过栽葡萄、管葡萄、摘葡萄、尝葡萄、酿葡萄等实践活动，既学到了葡萄的栽培与管理方法，又提升了劳动能力，训练了劳动技能。在参与每一株葡萄苗茁壮成长的过程中，学生们学会了合作，懂得了感恩。

有这样一次经历，至今回忆起来都让我热泪盈眶。那是2019年的一个采摘节，孩子们采摘后，仨一群、俩一伙地围坐在藤椅上大口大口地品尝葡萄，各个脸上都洋溢着天真烂漫、幸福甜蜜的笑容，而只有坐在藤椅最边缘的二年级学生小雨（化名），盯着手中自己采摘的一大串葡萄，她那想吃又不舍得的眼神吸引了我。我慢步走到她跟前，低声问道："小雨，你怎么不吃呀？""校长，我想拿回去和妈妈一起吃可以吗？"我欣然地说："当然可以，但是你能告诉我，为什么要和妈妈一起吃吗？"小雨用稚嫩的语言答道："妈妈每天接送我上下学很辛苦，家里有好吃的妈妈都是给我和妹妹吃，自己舍不得吃，现在我有好吃的葡萄了，还是我亲手采摘下来的，就想给妈妈吃。"看着孩子真诚的表情，听着孩子温暖的话语，我的眼睛模糊了，泪水止不住地流下来。多好的孩子呀！这就是葡萄树教育的成果，是活动育人、实践育人最好的体现。我把小雨搂在怀里，拿起一粒葡萄轻轻地剥去外皮，放进了她的嘴里，哽咽地说道："小雨真是好孩子，懂得感恩，这串你自己吃吧，吃完再采摘一串拿回家给妈妈吃。"小雨高兴地搂着我，连声说："谢谢校长！谢谢校长！"这一幕时常浮现在我的脑海里，也引发了我深深的思考：学生的品德教育绝对不是靠说教就能起作用的，一定要通过活动内化于心，让他们自发地、自觉地形成良好品德。

## 二、培养学生的探究精神

学校为每个班发放了一棵葡萄苗，尝试盆栽葡萄，集中摆放、分班管理。学生自主成立研究小组，确立盆栽葡萄的栽培与日常管理研究主题，进行探究性学习和实践。例如，四年级学生尝试开展单株自然生长葡萄果穗的对比实验研究，单株留4个葡萄果穗、单株留 3 个葡萄果穗、单株留 2 个葡萄果穗、单株留 1 个葡萄果穗。孩子们通过对比实验激发了科学管理盆栽葡萄的兴趣，将在书本中学到的知识运用到科学探索过程中，还虚心请教科技张老师、校外辅导员任师傅，最终通过葡萄果穗重量、果粒大小、果实口感及果实甜度等指标，孩子们总结出盆栽葡萄的科学管理经验和方法，真正"学有所得，学有所用"。

与此同时，以葡萄主题活动为引领，学生们开展葡萄叶片生长变化与病虫害的研究、葡萄营养价值的调查等丰富多彩的探究活动，形成系列化的主题研究。在研究过程中，我们鼓励学生以任务驱动的形式主动求知与探索。葡萄采摘节中，学生们在指导老师的引领下，设计了"自动葡萄栽种与管理机器人、太阳能采摘机、自动挑选葡萄机、自动葡萄酿酒机"等，充分体现了实践性、创新性的特点。真是活动引领，创意无限！

在葡萄乐园内，每到一个阶段或者有新的发现，学生们还会召开研究成果发布会，他们分工合作、整理资料、制作展板、撰写发言稿等，确保汇报活动精彩呈现。在"探究葡萄科技、体验创客文化、传承创新精神"葡萄科学调查体验活动中，学生们参加小调查、小实验、小制作、小论文等科学探究活动，通过这样的综合实践活动，学生们把课内外、校内外的葡萄科技资源紧密结合，既培养了学生的创新精神和实践能力，提升了学生的科学素养，又提高了学生的表达与分享能力，同时不断增强了学生的自信心和参与活动的热情。

### 三、培养学生的审美情趣

挖掘地域资源，我们不仅能为学生提供广阔的劳动实践基地，全面提高学生的科学素养，还能塑造学生向往美、欣赏美、表现美的艺术素养，落实开放、自由、和谐、智慧的艺术教育宗旨。

学校为孩子们设置了题为"科技启迪智慧、艺术润泽人生"的葡萄文化长廊，定期展示孩子们跟葡萄相关的作品，内容表现形式不一，可画、可写、可说、可演、可唱，学生们可以自主选择。任课教师也以此为契机开展各项活动，书法课老师在班级内开展书写"葡萄诗"硬笔书法比赛；美术课老师要求绘画葡萄不同阶段的形状和颜色；班主任组织诵读葡萄古诗词比赛，并把关于葡萄的诗词歌赋整理成册，保存下来。有绘画和手工特长的孩子以葡萄为主题帮助设计班级葡萄文化展示栏。

徜徉在"科技启迪智慧、艺术润泽人生"的葡萄文化长廊中，品味着孩子们的实践成果，我为孩子们的成长感到欣慰。各式各样的活动，加深了学生对葡萄的了解，让他们更深层地感悟到葡萄的精神，进一步提升了学校的"葡萄树教育"品牌，更让他们走向美丽、走向快乐、走向幸福！

"葡萄树教育"艺术课程对学生进行"爱美""赏美""呈美""创美"的美育教育，走进学校就会感受到洋溢在教师和学生脸上的自信，他们举止优雅、谈吐大方，都得益于学校葡萄树课程结构的合理架构和落实。

## 四、培养学生的人文素养

学生在"葡萄乐园"中探究学习,不仅获得了葡萄相应的知识,提升了劳动技能,更重要的是学生获得了终生难忘的开放性、趣味性、实践性的学习经历,这是孩子们最宝贵的财富。一名六年级的学生写了这样一首葡萄诗来表达自已在葡香校园的学习收获:

《葡萄学园赞葡萄》

我漫步在葡藤翠绿的葡萄乐园中,

看到了一棵棵蜿蜒向上的葡萄树。

春天他们度过严寒勇敢地探出头,

夏天枝叶繁茂让我们在藤下纳凉。

秋天时甜美的硕果带给我们欣喜,

冬天里埋藏顽强身躯储藏着力量。

校园中的葡萄树陪伴着我们成长,

给予我们教育活力、美丽和丰饶。

老师们倾注心血培育着小葡小萄,

葡萄乐园中一幕幕探究学习身影。

时而量一量叶片大小观察着长势,

时而测一测果实的数量与饱满度。

画一画写一写葡萄树的美丽身姿,

思一思做一做葡萄创意 DIY 作品。

演一演赞一赞葡萄树带来的成果，

学会用佳绩回报母校甜美的抚育。

葡萄树教育理念的指引永不忘记，

在葡萄学园中活力生长美丽绽放。


这首《葡萄学园赞葡萄》把我们带进了美丽的"葡萄乐园"，也表达了莘莘学子的心声。小诗人用朴实、凝练的语言描绘出自己在"葡萄乐园"里观察葡萄、参与葡萄的种植与管理、开展葡萄科学小实验、制作有葡萄元素的 DIY 作品的经历。的的确确，校园中美丽的葡萄树陪伴着每一名学生快乐成长。

"葡萄树教育"理念下的校园学习生活，促进了师生的集体荣誉感和凝聚力。在学生即将离开母校的时候，他们都会在习作中表达对母校的依恋，对老师的感激，对同学的不舍。是"葡萄树教育"教会他们做人，做优秀的小学毕业生；教会他们感恩，与同学互助互爱；教会他们奋斗，为自己的目标努力进取……


## 五、培养学生的表达能力


### （一）做家乡小导游

"葡萄树教育"以实践体验为根本主旨，贯穿学生生活学习的始终。巨各庄镇蔡家洼村被誉为"美丽乡村"，而张裕爱斐堡红酒庄园就坐落在村口。在旅游旺季，每天都有成百上千的人慕名而来。赶上周末或节假日的时候，我们的学生就与家长一起去接待游客，向游客介绍这美丽乡村——蔡家洼，自己的家乡！

怎么让孩子把酒香之路上的美丽乡村介绍给大家呢？教师设置了游览美丽乡村蔡家洼的情境，用学生乐于接受的形式布置了本次研究性学习任务"我是家乡小导游"，巧妙地对学生的活动进行了内容限定与实践策略的指导。当学生们以家乡小导游的角色来开展活动时，他们主动求知、积极实践的愿望得到了最大程度的激发。

（二）做葡萄乐园小导游

学生们最喜欢的还是"葡萄乐园小导游"这个角色，孩子们利用社团活动时间、中午午休时间等，自发地来到葡萄乐园中搜集资料，了解葡萄的品种，观察葡萄园中植物的种植和生长情况，访谈葡萄园的管理者，向老师请教关于葡萄的相关知识。学生们还制订了活动计划，确定自己要做"葡萄乐园"哪部分的小导游，进而有目的、详细地收集资料，然后归纳整理、撰写导游稿。教师依次对每名学生的导游稿进行审阅与批改，指导学生熟练把握。这样，学生们对葡萄树有了更深入的认知。当他们一次次兴高采烈地来到葡萄乐园中为老师、同学和来宾做讲解的时候，他们的口语表达、人际交往能力也得到了很大的提升，从而对有关葡萄的知识更加熟知。

（三）做班级文化小导游

"我是班级小导游"活动，结合班级文化建设，增强了孩子们爱集体爱他人的情感，活动效果非常好，孩子们踊跃报名，争做班级小导游，语言流畅、落落大方地跟同伴、跟老师、跟家长介绍自己的班级。

## 六、培养学生的团队合力

用"葡萄树教育"理念下的教育场，来培养学生的团队合作精神，在学校全局统领下，为孩子们的个性成长创造一种特有的文化环境。这种文化环境充满着关心、爱护，也包含着严格要求与责任。

在这样的思考中，我们迎来了巨各庄镇中心小学学校文化发展六年规划，即在一个充满活力的校园中，让教师、学生都能积极探索、勇于创新，最终实现学生、教师的活力生长、美丽绽放。

班级是学校的"细胞"，是学生学习、生活、成长、发展的场所。班级文化是影响学生发展的重要条件。它具有无形的教育力量，往往会起到"随风潜入夜，润物细无声"的作用。为此，我们充分重视班级文化建设，在我校发展规划的引领下，为班集体的向心和凝聚而进行着持续的思考与行动，我们努力在班级中建设"葡萄树教育"理念下的教育场。

"丰饶的教育"引导班级凝心聚力。葡萄是团结凝聚的标志，你看那一颗颗晶莹的如玛瑙般的果实紧密地围绕，那拥有旺盛生命力的葡萄藤永远向前伸展，毫不畏惧任何阻挠。在学校这旺盛的葡萄树下，簇拥着一个个美丽丰饶的葡萄家族。我们每个教学班便是这个家族中的重要成员，由班主任带领学生"共建家园"。我们要做集体的主人，把班集体当作我们共同的家园，汲取葡萄那活力、美丽、丰饶之势，团聚在一起，用好习惯经营我们的家、用好品质装扮我们的家、用好成绩提升我们的家，让我们的家温暖、和谐、向上。我们在教室墙壁的展栏中创建了"共建家园"版块，老师还在教室门口醒目的位置贴上了"愿从我们家走出的每一名成员，都灿烂，健康向上。别忘了，你代表着我们"。老师希望用这样的提示让家中的每一名成员心系集体，注意自己的一言一行，让班级文化内潜于心、外表于行。此时，我眼前浮现出许许多多富有生命力的晶莹剔透的玛瑙般的葡萄，紧紧地依偎着强健的葡萄藤。

"美丽的教育"促进学生发展特长。为了激发学生的兴趣，发展他们的特长，老师开设了"快乐学习"板块，为这些学生提供了展示的平台。老师号召全班学生将自己得意的作品张贴在这个板块上。有的学生展示了自己的美术杰作，有的展示了手工作品，还有优秀习作、读后感等。班级文化促进了学生之间的相互认同，并提供了彼此分享各自体验的环境与氛围。良好的人际关系除了在班级中给学生良好的体验之外，更重要的是可以培养学生的集体荣誉感和凝聚力。

成员间不同类型的互动，实际上也是不同文化在不同水平上的交融与整合。班级文化这样的展示平台使学生的个性特长得到发展，使学生间的冲突得到了缓解，尤其是使同学之间的差距缩小，他们取长补短，彼此产生了共同的文化基础。这一颗颗小小的葡萄紧紧地挨着、凑着，泛着晶莹的光泽，那么美丽、富有活力而又健康向上。

"活力的教育"促使学生阳光灵动。在"葡萄长廊"板块中，学生展示的都是有关葡萄的内容，在这样的过程中，学生将加深对葡萄的了解，更深层地感悟葡萄的精神，进一步树立我校的"葡萄树教育"理念。我们抓住这一契机以硬笔书法比赛的形式在班上举办诵读葡萄古诗的比赛，让学生选择自己积累的并能熟读成诵的古诗默写下来，之后把大家的作品在全班展示，进行评比；我们还让有绘画和手工特长的孩子以葡萄为主题帮助设计这个版块。这些小葡萄在成长，活力驱使他们走向美丽、丰饶。

"葡萄树教育"，潜于内心、显于行为。为了抓住一切时机对学生进行教育，老师还结合学校整体工作的要求，引导学生规划板报，围绕"活力生长，美丽绽放"这个主题，让全员参与资料的搜集，建立了班级的公共邮箱，让学生在网络教室阅读时将他们所搜集到的材料发送到邮箱中，供板报小组的同学参考选用。在这一过程中，全体同学都在搜集资料的经历中加深了认识，受到了教育。结合镇域经济特色，学生在这个过程中收获的是对葡萄的认识，将来便可以更好地丰富、完善他们对家乡的建设。

在我们的班级文化建设中，在活力生长、美丽绽放的理念驱动下，我们还有目的、有计划地指导和开展形式多样、内容健康的文化活动。如主题班会、队会，结合学科教学开展的学科活动等，让学生充分展开想象的翅膀，尽情表现，既丰富了学生的学习生活，又能让学生在活动中受到教育；使学生在活动中增长了知识，提高了能力，又培养了兴趣，增强了他们的自信心。

### 七、提高师生的综合素养

在葡萄乐园中，学生在感受自主探究学习的过程，体验科学素养启迪人生的乐趣。这样的自主探究学习活动给广大教师提出了更高的要求，以及时代赋予教师的更高的使命，教师只有不断地提高自己科技、艺术等方面的综合素质，才能适应改革的需要。

综合性较强的主题活动，蕴寓着更多的人文素养，教育不是通过灌输来获得的，而是让学生置身于情境中自我体验、相互影响才丰盈起来的。此时，学生道德情操的高尚、审美气质的显扬，来源于"创建葡萄乐园、探究葡萄科技、塑造葡萄精神"主题活动本身。因此，主题活动中教师要发挥自身的潜能，用自身的人文精神去滋润、去涵养、去提升学生的人文素养和品位。与学生共同探讨每个主题时，要当好导演，找出不同艺术领域和不同学科之间的相通点，调动学生参与实践探究的兴趣，深情投入、真情流露、激情四射，导演出有声有色的校园剧，使学生愉悦精神，陶冶情操。通过学生自信、流利的解说，学生的综合素质得到显著提高，同时老师们的内心也充满喜悦，正是"葡萄树教育"课程使孩子们有机会这样学习与展示自我。

学生们通过"葡萄树教育"课程的系统培养，逐步掌握了一定的盆栽葡萄的栽培与管理技能，步入社会，就有可能将盆栽葡萄产业化和经济化，这样既能让学生们为家乡创收，又培养了学生们建设家乡的责任担当，培养了具有一定人文情怀的社会主义现代化建设的接班人。

"葡萄树教育"下的孩子们，虽然身处农村，但他们淳朴中透着大气，朝气中透着睿智。课堂上，孩子们自主探究、积极思考；社团活动中，孩子们兴趣盎然、张扬个性；社会大课堂活动中，孩子们主动观察、善于沟通；葡萄种植管理的过程中，孩子们掌握了种植的方法，感受着葡萄顽强生长的意志品质；"活力杯"运动会上，学生们勇于拼搏、积极进取。在丰富多彩的德育活动中，学生们形成了良好的行为习惯，并学会了奉献、懂得了感恩。在国家、市、区级的各项竞赛和展演活动中，孩子们展现出了自信、阳光、快乐、学有所长的美丽风采。

我憧憬着，在不久的将来，在我们全校师生的心中，在学校这个广袤的"葡萄长廊"中，葡萄藤上结满了一串串美丽、灵动、健康、向上的葡萄，它们在通往未来人生的征途上愈发剔透、晶莹。

# 第二章

# "葡萄树教育"理论建构

　　立足于学校历史文化传统与现状所开展的"葡萄树教育",以活力、美丽、丰饶为教育理念,旨在培养充满活力与灵性的阳光少年。这一教育理念从本质上来讲和"培养德智体美劳全面发展的社会主义建设者和接班人"的育人目标相一致,体现了全面发展、回归生活和提升生命质量的发展方向与最终目标。我校将这三个方面融入教学和管理的常规运作之中,在此理论基础上构建了切合校情、具有本土特色的教育体系和行动方案。因此,本部分主要围绕全面发展、回归生活和提升生命质量的教育理论展开,追溯理论来源,阐述理论思想,然后在理论基础上引入本校的办学理念、办学目标和育人目标等,并总结凝练我校教育体系的整体特征。

# 第一节 追溯理论来源

## 一、全面发展的教育

2018 年 9 月，习近平总书记在全国教育大会上提出要努力构建德智体美劳全面培养的教育体系，形成更高水平的人才培养体系。习近平总书记首次将"劳"和"德智体美"相并列，明确将育人目标从"德智体美"扩展为"德智体美劳"。德育、智育、体育、美育和劳育之间相辅相成、相互促进，它们既彼此独立又互相关联，因此掌握"五育"的内涵及其相互关系对落实"五育"并举的实践活动是必要的。

### （一）内涵

人们对"五育"的关注由来已久，古希腊哲学家柏拉图认为体操可以锻炼身体，音乐可以陶冶情操。古希腊人将知识的教育分为七艺（包含逻辑、修辞、论辩、天文、音乐、几何和数学）。英国著名思想家、教育家洛克在《教育漫话》当中提出了绅士的教育应包含健康教育、道德教育、知识与技能的教育以及休闲教育。其中，健康教育是基础，道德教育是核心，知识与技能教育是助力，而休闲教育是必需。在历史上，德智体美劳既是凝结在个体身上的素养，也是教育的五种模式，代表着培养什么样的人和怎样培养人的发展方向。

在含义上，德育表明了对道德发展的要求，"德育是个体对社会伦理规则的内化过程，它通过有意识有组织的活动，将社会伦理规则转化为个体德性"①。就词义范围而言，狭义的德育指的就是道德教育，广义的德育则包括思想教育、政治教育、道德教育、法治教育与心理教育等。就德育的形式而言，有直接德育与间接德育，有显性德育与隐性德育，还有学科德育与活动德育。比如，德育课属于直接的、显性的德育，而学校的管理与文化则属于间接的、隐性的德育。

智育指的是对知识、技能和智力的追求。"智育的当代内涵是有目的、有计划地向学生传递系统的科学文化知识和探索问题的方法，打牢学生科学文化基础，发展学生智力，促进思维发展，激发创新意识，培养创新精神和创新能力。"② 布鲁姆的教育分类在认知领域的要求是对知识的记忆、理解、应用、分析、综合和评价，后来又加了"创造"一词，变成记忆、领会、应用、分析、评价和创造。可见，智育不仅注重知识内容的传授，也注重思维能力的提升。

体育指的是身体的、形体的锻炼和发展。体育以"身体练习为基本手段，传授健体知识、技能，培养体育品格和体育精神，增强

---

① 冯建军. 构建德智体美劳全面培养的教育体系：理据与策略［J］. 西北师范大学学报（社会科学版），2020（03）：5－14.

② 冯建军. 构建德智体美劳全面培养的教育体系：理据与策略［J］. 西北师范大学学报（社会科学版），2020（03）：5－14.

人的体质，促进人的身心健康、体魂健全"①。身体素质是其他四育的基本保障，《孟子》里就提到"故天将降大任于斯人也，必先苦其心志，劳其筋骨，饿其体肤，空乏其身，行拂乱其所为，所以动心忍性，曾益其所不能"。体育是对身体素质的锻炼，也是对精神意志的磨砺。

美育指的是对学生的审美、情致追求的教育。美育"面向人的审美发展的需要，以审美和人文素养培养为核心，以美育人，以文化人，提高审美素养"②。美育主要包括：对美的兴趣的培育，对审美的知识和能力的教育；对美的情感教育，即教育学生发现美，目的在于培养学生对美的情感体验和感受。美育不仅仅限于艺术教育，还包括对自然美、科技美、艺术美等形式各样的美的体察。美的教育应教会学生发现美、认知美、感受美以及创造美。

劳育即对劳动知识、劳动技能和劳动素养的教育。劳动教育"是通过生产劳动，达到教育人、培养全面发展的人的目的"③。教育要与生产劳动相结合，是马克思关于人的全面发展的重要论述，也是我国教育方针制定的重要依据之一。2018 年的全国教育工作会议将劳动教育与德智体美并列，使得劳动教育的话题讨论再度激烈。所谓劳动不仅仅是体力劳动，也包括脑力劳动，同时也包含简单劳

---

① 冯建军. 构建德智体美劳全面培养的教育体系：理据与策略［J］. 西北师范大学学报（社会科学版），2020（03）：5 - 14.

② 冯建军. 构建德智体美劳全面培养的教育体系：理据与策略［J］. 西北师范大学学报（社会科学版），2020（03）：5 - 14.

③ 冯建军. 构建德智体美劳全面培养的教育体系：理据与策略［J］. 西北师范大学学报（社会科学版），2020（03）：5 - 14.

动与复杂劳动、抽象劳动与具体劳动的划分。劳动是人实现生命价值的渠道，也是人存在的根本属性。

德智体美劳既彼此独立，又互依互存、互相融合。道德品质和道德意志蕴含在智育、体育、美育和劳育之中，知识理论也是德育、体育、美育和劳育的重要组成部分，体能体力和身体素质是德育、智育、美育和劳育的基本保障，美的情趣、情感和情操是德育、智育、体育、和劳育的精神家园，劳动实践是获得德智体美的基本途径。德智体美劳五种教育不可偏废，现实中重智轻德、轻体、轻美和轻劳的现象应当避免，不过与此同时也不可矫枉过正。

（二）理据

全面发展的教育可以追溯到马克思关于全面发展的理论，"任何人的职责、使命、任务就是全面地发展自己的一切能力"。对这句话的理解可以从以下几个角度进行。首先，人的全面发展指的是包含德智体美劳每个方面在内的发展，不能偏向任意一方，而是各种素养的齐头并进。第二，人的全面发展指的是主体性得以展现，每个人都能以自己的意志为主导，个性能够伸张，实现自行其是的发展。第三，人的全面发展指的是人的社会关系的全面发展。人是社会关系的总和，每个人都在社会关系的网络中承担自己的角色，恪尽职守，充分发挥自己的社会职能。总而言之，人的全面发展的核心是人是目的，而不是工具，因此每个人都应该被给予同等的发展机会，然后在外在的资源条件之基础上尊重个人的选择，实现自适的目标理想。马克思的全面发展理论是实现"五育"融合的前提基础。

全面发展的教育具有重要的政治历史意义，就是要培养德智体美劳全面发展的社会主义建设者和接班人。毛泽东指出："我们的教育方针，应该使受教育者在德育、智育、体育几方面都得到发展，成为有社会主义觉悟的有文化的劳动者。"① 邓小平在 20 世纪 80 年代提出的教育的三个面向为教育指明了方向，即教育要面向现代化、面向世界、面向未来，培养能够服务于现代化建设的、具有国际竞争力的、符合未来社会需要的人才。这说明全面发展的教育在社会主义发展的战略规划中是重要部分。"少年强则国强"，未来的世界竞争是人才的竞争。

全面发展的教育是以人为本的教育。随着现代工业的发展，出现了效率至上的标语。效率的确是经济和科技发展的重要追求，甚至在人类社会和日常生活中也扮演着重要角色，但是效率的发展不能忽视质量，"快"和"好"应该是相互联系的。没有质量保障的效率只是快速旋转却毫无用途的车轮，缺少了方向的把控。发展应以人为本，而不是以经济、商品或其他的东西为本。为此，在教育中必须体现人的意义和价值。罗杰斯的人本主义教育思想中提道，"一个人是一个流程，而不是一团固定的材料；是不断变化着的潜能之星座，而不是一组稳定的特征"。和工业制造上的流水线生产不同，教育不能按照既定的程序和规则机械性地指导学生如何想、如何做，而是要顺应学生内心体验的自然变化。一个人的自我效能感

---

① 毛泽东. 关于正确处理人民内部矛盾的问题 [M]. 北京：文字改革出版社，1976：56.

极大地影响着他的行为，因此教育应当帮助学生创造一种自己就是最好的概念，使他能够得到自我实现。

（三）策略

在有关德智体美劳的培养策略上，我们主要参考南京师范大学冯建军教授的观点。

在德育上，要引导学生对德的认知，激发对德的情感，塑造道德的意志，践行德的行为。在认识上，以社会主义核心价值观和立德树人的要求为方向指引，引导学生理解行为准则、道德规范和道德设立的根据等。发展心理学家科尔伯格将道德的认知发展分为三个阶段：在前习俗水平阶段，儿童主要是以惩罚与服从和满足自己的需要为导向，倾向于做出趋利避害的行为；在习俗水平阶段，儿童主要根据好孩子的标准，从尊重权威和维护社会秩序的角度来做出道德行为，所依据的主要是社会的期望；在后习俗水平阶段，儿童主要依据道德的本质和道德设立的价值准则来做出道德行为。道德的发展应遵循一定的规律，要按照不同的年龄阶段进行道德教育。

在智育上，要注重传授知识和技能，培养智力和能力，培养科学意识和创造能力。维果斯基提出了最近发展区的理论，认为学生的发展有两种水平：一种是学生的现有水平，指独立活动时所能达到的解决问题的水平；另一种是学生可能的发展水平，也就是通过教学所获得的潜力。两者之间的差异就是最近发展区。教学应该提供对学生来说带有一定挑战的任务和内容，激发学生的学习劲头，鼓励学生挑战自我、发挥潜力，超越最近发展区并且寻找下一个最近发展区。

在体育上，要重视提高学生的体育认知，锤炼体育品德，养成健康的行为习惯。体育在教育之中容易被忽视，作为文化科目以外的"副科"，似乎体育没有什么必要，甚至在很多中学课堂里常常被其他课程挤占。但是随着国家对身体素质和体育精神的强调，体育逐渐为人们所重视。体育不仅包括技巧和技能性的训练，还包括知识的教育。比如，教师应该让学生熟悉和了解自己身体的基本构造，从而才能更好地进行操作训练。要将体育锻炼融入日常的生活之中，内化为每个人自动的习惯。同时，将体育和意志训练相互结合也是重要的一点。

在美育上，要引导学生认识美、感受美，树立正确的审美观念，陶冶高尚的道德情操，提升创意表达能力。美育往往是看起来最难操作的部分，因为它并不像其他"四育"那般有迹可循。美育不仅仅是艺术的教育、人文的教育（在这两方面我们能感受到直接的愉悦），它也是自然的教育、科技的教育，在自然界中能感受到天然不加修饰的美，在科学领域我们也能感受到图像之美与数字之美，甚至有可能打开新的肉眼看不见的领域，这些美能给予我们感官的愉悦，并进一步升华我们的情操。

在劳育上，要充分认识劳动的意义，培养劳动观念，激发劳动热情，掌握劳动的基础知识和技能，并培养创造性的劳动能力。劳动教育不等同于生产生活中的劳动，它的范围应该更广，应包括智力劳动。在今天，进行劳动的教育，要注重学生的生活生存技能的培养，比如，通过一些烹饪、木工、植物栽培等课程教会学生基本的技能，使学生养成爱劳动的习惯。

理想的教育应是全面发展的教育。我校的葡萄树教育以"全面发展"为重要的指导思想，在充分利用现有资源、整合多种资源以及开发潜在资源的基础上，为学生提供自由、健康、快乐生长的学习生活场所，鼓励他们独立思考、表达观点、积极行动、创造发挥、张扬个性，使每位学生都能发挥自己的活力、绽放自己的美丽。全面发展的教育既是我们的指南针，也是我们终身追求的目标。

## 二、回归生活的教育

理想的教育是回归生活的教育。

"回归"在时间顺序上暗含了教育和生活的脱节。在西方的教育历史上，对于教育应该培养什么样的人、教授什么样的内容分成了两派：一派主张遵循古典的人文主义传统，培养的是纯粹的追求真理的人；另一派代表着科技和工业社会的发展需求，主张传授实用性的知识，培养具备实用素养的人。两派争执不休，但在价值多元的现代社会，这两种教育目标通过分流和分科的形式，实现了一定意义的统合。事实上，回归生活的"生活"在这里具有更广阔的含义，它是教育得以存在的根本前提，也是教育得以施行的保障。但在今天的教育中，教育和生活却在某些方面割裂开来，生活不再作为教育的背景，教育也不再指向活生生的现实，这集中表现在学生所学知识和实践的脱节——知识于实践无用，实践于知识无用，孩子们在学校学习的知识仿佛是空中楼阁，没有同现实建立起联系因而会很快被遗忘，很快被抛弃。因此，学校教育应在孩子的知识和生活两种经验中搭建桥梁，这离不开"知识的生活化"与"生活的知识化"。关于这个方面，历史上的教育家、思想家们早已做过系统阐述。

## （一）卢梭

卢梭主张自然教育，教育和自然生活紧密相连，"凡出自造物主之手的都是好的，一到人手里就变坏了"[①]。儿童天性是好的、善的，因此教育的作用就在于启发诱导儿童内心的善，使它不被摧毁并逐渐发展壮大。根据《爱弥儿》的年龄分期，卢梭将他的教育分为四个阶段：一是事物的教育、人的教育对自然教育的配合作用以及对儿童天性的呵护；二是对儿童感觉和官能的锻炼，让儿童开始有学习的欲望；三是引导儿童，将好奇心变成他们寻求知识的动力，通过实践来促使学生主动思考事物；四是重点施行"人的教育"，从道德教育的方面培养儿童。[②]

卢梭的自然教育思想主要包含以下几点：对儿童主体地位的认可，重视活动和实践经验，强调对儿童进行分阶段的、有针对性的教育。

"人类不是一个消极被动的有感觉的生物，而是一个主动的有智慧的生物"，"人不仅有感觉的能力，还有归纳、比较和判断的能力，

① 卢梭.社会契约论［M］.何兆武，译.北京：商务印书馆，2003.

② 李平沤.如歌的教育历程——卢梭《爱弥儿》如是说［M］.济南：山东教育出版社，2008.

所以人是主动的"，"相对于事物而言，人类能够进行理智的比较、分析，做出决定及判断"①。由此可见，卢梭认为感觉和理智是每个人都具备的能力，而为了培养孩子的感知能力，尤其要注意让儿童在自然的、不受成人世界横加干预的环境下成长，这样他们才能对外界保持纤细敏感而丰富的感知，并在感知基础上进一步发展理智。

对于爱弥儿的培养，卢梭认为一个爱弥儿应是"身心健康，善于思考，并具备各种生存与生活技能的人；他不被欲念、偏见、权力所指引，而用自己的眼睛去看、用心去想、用理智去判断，不为其他因素所控制"②。从这段描述可以看出，卢梭认为将儿童培养成人的目标是和全面发展的要求一致的，包含了体育、德育、智育等素养。对生存和生活技能的培养离不开生活本身，这就要求儿童不能只囿于书房做"足不出户"的学问，而是要在生活之中做面向生活本身的"学问"。而这就要求教师要将生活很好地融入知识之中，将知识很好地融入生活之中。身心健康，指向的是对孩子身体素质和心理素质的培养，卢梭认为孩子的天性是善好的，就像一颗孕育希望的种子，作为成人需要在后天的教育之中加以呵护、引导和培养，而不是摧残、抑制或催化。而学会思考、理智判断、不被外物所左右，则是对儿童自由、独立自主的意识和能力的培养。正如康德所说，"要敢于使用自己的理性"。不过在培养理智之前，卢梭认为应先注意保持呵护孩子的感觉器官的敏感性，这就需要教育给予

---

① 卢梭. 爱弥儿［M］. 李平沤，译. 北京：商务印书馆，2011.
② 卢梭. 爱弥儿［M］. 李平沤，译. 北京：商务印书馆，2011.

孩子充分的自由，尊重孩子的意志，给予孩子选择的权力，鼓励孩子实现自主的发展。所以，卢梭的自然人不仅仅指能在自然界中生存的身心健康协调发展的人，也是能够理性分析社会现象、具有独立思考能力的社会人。

卢梭重新发现了儿童的主体性地位和价值，强调从做中学以及从活动中学，他的思想对后来人的启发很大，直接影响了以杜威为代表的一批思想家。

## （二）杜威

提到生活，不能回避的是哲学家、教育家杜威的思想。杜威的教育思想是建立在对传统教育的批判之上的。在传统的教育观点之下，学校教育的中心在教材、在课堂、在教师那里，因而主张消极地对待学生；但是杜威的教育思想发起了学校教育上的"哥白尼式革命"，主张教育的中心应是儿童。由此，形成了两种旗帜鲜明的教育路径。它们在教育目的、教育内容和教育方式等方面均存在显著不同。传统的教育理念忽视被教育者的想法、意见和需求，想要培养的是服从于社会和国家意志的顺从的民众，因而在教育方式上采用的是规训、惩罚、灌输等强制性措施；教育内容也倾向于枯燥的、抽象的教条和书本知识。但是在杜威看来，教育的目的是培养能参与社会生活，为社会和国家做贡献的能动主体，被教育者的地位和价值得到认可。由此，在教育内容的选取和编制上更加注重受众的需求，内容更加丰富有趣，教育方式也更为多样，不再认可灌输和机械的教授模式，而是鼓励学生参与课堂，注重提高学生的积极性和兴趣。总体而言，杜威的教育思想被概括为"教育即生活，教育即生长，教育即经验的改组或改造，学校即社会"以及"从做中学"。具体释义如下。

1. "教育即生活"

教育是生活不可或缺的部分。这主要体现在教育传递生活经验和教育提高生活能力两方面。结合背景，杜威所说的生活更多指向的是社会生活。历史地看，人类文明得以延续的一个根本在于经验的传承，大到种族经验的传递，小到家庭内部的历史文化传承，都源于教育的作用。有意识地传递经验，这也是人类区别于动物的特质所在。横向来看，作为社会性生物的人类必须在群体间生活，因此，教育也是每个个体走向社会的重要途径。他们学习知识和技能，并将知识和技能反馈于生活实践。杜威所说的"教育即生活"是针对当时教育和生活脱节的现状而提出的。在传统的教育模式之下，教育内容是抽象的文字符号和生硬的教条，学生学习了一堆无法和已有经验相互连接的"无用"知识；知识只是被机械地输入，却无法真正地内化以及运用。学生变成知识的吞吐机器，理解能力得不到发展。"目前每一个人的主要需要是思考的能力：观察问题、把事实和问题联系起来、利用和享有观念的能力。如果青少年男女走出学校而具备这种力量，一切其他的东西都可以在一定的时候添进去。他将在理智上和道德上明白自己的职责。"① 学校教育培养的对象是鲜活的生命，而不是无生命的客体，他是面向生活的，不是要培养

---

① 杜威．人的问题［M］．上海：上海人民出版社，1965.

本本主义或教条主义的学究，"学究的思想是干瘪的，他的知识是烦琐的；他和一个圆融、成熟，像新鲜多汁的水果般的思想家不同"①。复杂多变的现实生活是教育的源头活水，处于现实生活中的生命体也应是思维灵活多变、富有智慧的。

生活是教育的背景和基底，为教育提供了广阔的背景；教育是生活的一部分，它就在生活之中。马克思认为实践是认识的来源和基础，而生活就是知识的来源，也是知识的归宿。这就决定了教育知识应和学生原有的生活经验相连，教师应以有益于学生理解的方式组织教学内容。比如，杜威强调的活动教学、游戏教学等，学生能以直观的方式获取知识，"从做中学"。

2. "教育即生长"

杜威被称为"儿童中心论者"，和卢梭一样，强调儿童的地位和价值，"教育即生长"是包含了儿童的经验、能力和生命力的全面生长。具体来说，主要包括以下内涵。

（1）对儿童主体地位的认可。在漫长的历史长河中，儿童的地位一直不被承认，比如，在古希腊时期，儿童和妇女、奴隶一样被看作非公民的存在，是顽劣不羁的恶魔，对儿童的教育采用的是棍棒的鞭笞模式；直到文艺复兴重新倡导人文主义，儿童的主体尊严才渐渐地为人们所接受。价值观念对教育的影响至关重要，只有不再认为儿童是低人一等的存在，他们才能获得主体的权利、地位和尊严。在成人和儿童的教育之中，后者很容易被看作不完全和不成

---

① 杜威．思维与教学［M］．北京：商务印书馆，1936．

熟的客体，由此带来的对儿童的强迫暴力不胜枚举。只有后者的地位得到承认，儿童的声音才会被倾听，儿童的意志才会被尊重，儿童的权益才会被维护。在教育中，"生长"的主体是儿童，是具有生命力和生长能力的儿童。

（2）生长是动态发展而非静止不动的。在教育实践中，很容易陷入的误区是有意无意地将儿童看作无生命的客体、非人性化的存在，由此带来的错误做法就是认为儿童始终是不成熟的、不完整的，需要被成人保护，需要由成人替代决策和行为。诚然，儿童因为年龄和经验的限制，在信息的掌握程度上不如成人，但是杜威指出，与其将儿童看作不成熟、不完全的存在，不如将这种"缺陷"看作潜力以及更多的可能，如此，成人将会更加关注儿童自己的选择和想法，促进儿童实现生命的生长。除此之外，杜威还认为这种生长不是为了未来的生活预备，是因为教育不是为了未来某个或某些既定的目标而实施的，它是直接面向生活的，与其将未来的某个标准作为努力的方向，杜威更认为这种生长朝向的未来拥有无限可能。

3. "教育即经验的改造"

经验，是把握杜威思想的核心概念，既包括种族经验，也包括个人经验；既包括直接经验，也包括间接经验；既包括内部经验，也包括外部经验。概括来说，经验是有机体和环境的交互作用。

教育的过程包含了教和学两个方面的主体，教育的内容（杜威所说的"经验"）就在双方之间流动，教育是传递经验的过程。人类社会的发展就是在代际的经验传承之间实现的。从这个角度说，教育是社会生活的一部分，对社会发展起推动作用。

4. "学校即社会"

"学校即社会"与"教育即生活"是一个道理，学校应培养为社会做贡献的人才。因此，教学内容不能脱离社会现实。教师应引导学生关注现实、关注社会，为培养一个积极参与社会生活的社会公民做准备。

5. "从做中学"

"从做中学"是"教育即生活"与"学校即社会"思想的进一步延伸。杜威主张主动作业，通过开设木工、金工、园艺和烹饪等实践性课程，学生能在直接的动手体验中获得知识和技能。这一主动作业的形式和"葡萄树教育"中"开土扒条，扶藤上架"的实践形式有异曲同工之妙，通过设置情境、开创条件，学生能自由主动地进行探索性实践活动，在这个过程中学生的自主意识被激发，兴趣和积极性得到极大提升，探索精神在实践过程中被不断磨砺，有利于知识技能、情感意志等多种素养的培育。

## 三、提升生命质量的教育

在前文的论述中，我们阐述了全面发展和回归生活这两个教育理论中的关键词的地位、价值与意义。全面发展是每个人的终身追求，而生活则是每个人生命的底色，是生命生长的广阔背景，发展和生活的最终目标都是生命质量的提高和生命价值的实现。因此，本部分的关键词是生命。生命是教育的原点，也是教育的归宿。

（一）生命

从词源的角度来看，"生"在《说文解字》中的释义是"进也"。清代的段玉裁为之注释，"像草木生出土上"。生的意思就是事物从无到有的呈现，如出生、发生和创生等。生物的划分类型包含动物、植物、微生物等生命形式。而"命"的含义是"使也"，包含了号令的意思。"生命"这个词本身就代表了天然生成，含有天意、天命的意思，是万事万物存在的根本形式，也是不可违抗、不可扭曲的。

生命是中国古代思想的核心概念之一。《周易》里说"天地之大德曰生"。生命是德的最高表现。在传统思想中，整个宇宙被看作一个整体，比如，庄子所说"天地与我并生，而万物与我为一"。万事万物都是有灵性的生命体，都是自然存在的，自然是生命体相互依赖、相互依存形成的共荣圈。以人为例，人类的衣食住行都离不开自然的补给。因此，从这个角度说生命是互赖共存的。

人是三重存在——自然存在、社会存在和精神的存在。首先，生命是兼具自然性和社会性的。生命的存活离不开最基本的物质保障和安全处所，和其他生物一样，人类的生存也需要物质能量的补充，从这个角度上说，生命是自然的；从另一个角度上说，人类也是群体动物，在现代社会，一个人几乎不可能离开他人的帮助而独自存在，因而生命也是社会的。其次，生命是兼具物质性与精神性的。人依赖于物质需求，无法挣脱动物性需求的控制，但从另一方面看，人却可以在一定程度上实现精神的自由，这是作为有意识、有思想的人类所独有的特质。最后，生命是兼具为我性和为他性的。人倾向于保护自己、谋取自己的利益，但同时也要关照别人的利益，在帮助他人的过程中也能实现自己生命的价值。因此，他们常在我"里面"，我也常在他们"里面"，自我价值和社会价值实现了统合和升华。

在教育领域内关注生命，是对人类生存本质的探寻，是在哲学层面思考教育的追求和价值的命题。尤其是在教育现实之中，仍然不乏体罚、虐待和侮辱学生的现象存在，更遑论一些更为隐蔽的摧残人性的行为，如洗脑、灌输和驯化……这些行为无视学生的个性、尊严和生命，妄图以暴力的形式管控学生，把学生看作无生命的物体，诸如此类的现状和问题，更加强调了"生命"的重要性。

## （二）生命教育的内涵

北京师范大学的肖川教授认为生命教育"作为真正人道的教育，它关涉一切'有生之命'；生命教育以'人性向善'为基本的价值预设，是对传统道德教育的超越与提升；生命教育作为教育的价值追求，要为学生的幸福人生奠基；生命教育作为一种新的教育理论，不仅是纯粹的理论或理念，而且是涵盖了多重主题的教育实践领域"①。

首先，生命教育关乎整个世界中有生命的存在，人类、动物和

---

① 肖川，陈黎明. 生命教育：内涵与旨趣［J］. 湖南师范大学教育科学学报，2013，12（04）：30－36.

植物等均被包含在内，涵盖范围之广几乎涉及了人与人、人与社会、人与自然等方方面面的关系。首先，生命教育尊重自己、尊重他人，同时也尊重大自然中的生命。其次，生命教育以"人性向善"为价值预设，这就是说向善的动力根源在每个个体的生命内部，而不是从外界的规范标准强加进去的。这样就避免了外人以道德为借口控制与强迫学生做出被动行为。教育应是一棵树摇动另一棵树，一朵云推动另一朵云，一个灵魂唤醒另一个灵魂。生命教育的方式是唤醒、启发和诱导，它应是柔和的，春风化雨般润物无声。再次，生命教育是教育的价值追求，促进学生的幸福应是它的最终旨归。生命的终极目的指向圆满和幸福，而这一目的的实现离不开教育的引领和帮助，唯有具备了实现幸福的能力，终有一天学生离开校园，才能凭借自己的力量实现梦想。最后，生命教育不仅仅是指导人们行为的理念和思想，也是人们的行为本身。如果说生命教育是一棵树的躯干，那么围绕生命教育开展的种种教学和课程活动就是原点上生发的枝杈。就如同给枝杈输送营养的躯干，植根于肥厚的土壤之中，生命教育的理念本身是缄默的，但却是一切其他理念和行为的原点。

生命教育的意义主要体现在以下几个方面：就个体本身而言，生命教育的目的在于促进个人生理、心理、社会、灵性的全面均衡发展；就个体与外界的关系而言，生命教育的目的在于促进个体与他人、自然、宇宙的和谐共处，最后在我与外界的关系中增进生活的智慧，追求超越，追求生命的意义和永恒的价值。①

### （三）生命教育的实现

20 世纪 90 年代，生命与教育的关系才开始进入研究者的视野，其中的代表是华东师范大学的叶澜教授，她在《让课堂焕发出生命活力》一文中批判课堂教学"变得机械、沉闷和程式化，缺乏生气与乐趣，缺乏对智慧的挑战和对好奇心的刺激，使师生的生命力在课堂中得不到充分发挥，进而使教学本身也成为导致学生厌学、教师厌教的因素，连传统课堂教学视为最主要的认识性任务也不可能得到完全和有效的实现"，她呼唤能焕发出生命活力的课堂。如果缺乏了生命的活力，教育出来的学生只是没有灵魂的躯壳，这样的教育是僵死的、呆板的，对于学生的天赋和创造性来说是具有毁灭性的。那么如何实现生命的教育？

心理学家马斯洛认为人类有七种需要，分别是生理需要、安全需要、归属与爱的需要、自尊与尊重他人的需要、认知的需要、审美的需要以及自我实现的需要，由此构成了马斯洛的需要层次理论（如图 1–1 所示）。其中前四种需要是基本需要，而后面三种则是超越性的需要。生理需要满足一个人生存所需的基本条件，安全需要指的是身体上不受伤害、心理上不担惊受怕，归属与爱的需要指向一个人同他人、集体的依赖依存，尊重的需要即对成就、名誉和地位等的需要，认知需要表明人对知识的渴求和智慧的需要，审美需

---

① 张美云. 生命教育的理论与实践探究［D］. 上海：华东师范大学，2006.

要是对美的追求和情志的需要，最后的自我实现需要则是个人的价值在更广泛的范围内获得认可与意义的需要。

**图1-1 马斯洛的需要层次模型**

马斯洛的需要理论为每个人生命价值的实现提供了参考，自我实现的需要是生命教育中的永恒追求。生命的教育不只是关于生命的教育，也是在生命之中的教育。具体来说，就是要教育学生认识生命、尊重生命、欣赏生命以及创造生命的价值。

认识生命是生命教育的第一步。人类从胚胎、婴幼儿到成年人，植物从种子、嫩芽到开花结果，昆虫从幼虫到成虫……生命的成长过程神奇又玄妙。生命是从何而来、何处而止，生长的过程中可能遭遇什么？教师通过引导学生走进生物的世界，让学生意识到其他的动物、植物同人类一样都是生命，生命的成长都是来之不易的，每个生命都需要我们关爱、呵护与尊重。而人类要在世界上立足就得学习掌握生存和劳动的技能，学会和其他生命和谐相处。

尊重生命是和谐相处的重要前提。我们不仅要尊重珍视自己的生命，同时也要尊重他人的生命、尊重动物植物的生命。这就要求我们做事不能完全以自我为中心，要充分尊重客观规律，既包括人类社会的规律，也包括自然界的规律。

欣赏生命是一种保持宽容谦卑的精神态度，也是对自我中心的进一步破除。学会欣赏他人，见贤思齐，取长补短，是难能可贵的精神；学会欣赏自然之中的生命，不因为满足一己私欲而伤害外界生命，是一种慈悲的情怀。欣赏生命，还包含着对生命之美的追求。

创造生命的价值是自我实现的永恒追求。处在自然与社会之间的人类，不能一味索取而不进行创造。创造是个人生命宽度和深度的延伸，发挥自身生命的价值，将有限的生命融入无限的为人民服务的崇高使命之中，生命精神将永驻。

生命的教育通过引导学生认识生命的来源、过程和死亡，对学生进行完整的生命意识的培养，以及生命意义的教育，鼓励孩子自由生长、全面发展与终身发展。

总而言之，全面发展、回归生活以及提升生命质量是我校教育理念和教育体系构建的思想基础、活力之源，熔铸在我校的教育目标、教育内容、教育活动、教育制度之中，也熔铸在每一位师生的气质与精神面貌之中。全面发展、回归生活以及提升生命质量三者在根本上也具有一致性，发展是为了生活、为了生命，生活是发展和生命生长的家园，而生命则是发展与生活过程中涌动的力量。

在理论基础上，我校构建了自身的办学理念。

# 第二节　阐释办学理念

办学理念是学校的教育哲学，是一种价值追求、教育理想，它是建立在教育规律基础之上的一种"远见卓识"。培养什么样的人，如何培养人，选取什么样的知识内容，如何选取知识内容，如何组织教学经验以及如何得到有效的反馈与评价等诸多问题，都要经过学校的教育理念来引导。办学理念是一所学校的精神内核所在。我校立足本校的历史文化与现实发展，提出了"活力生长、美丽绽放"的办学理念以及具有鲜明特色的"葡萄树教育"办学目标，以期打造充满活力、丰富多彩的学校文化。

## 一、"葡萄树教育"的释义

"葡萄树教育"是学校、老师、学生相互依赖的教育。葡萄树就像我们培养的对象学生，学校是他生长的沃土，老师是辛勤浇灌他们的园丁，在不断培养浇灌的过程中，学生的生命在成长，老师在付出辛苦的同时自己也在成长，学校也在这个过程中得到了发展。教育的融合和教育的教学相长让我们感受到的是一种生机勃勃的活力，"葡萄树教育"是凸显活力的教育。

"葡萄树教育"是"修理"的教育。"修理"对于葡萄树来说非常重要。只有时常地"修理"那些影响成长的枝蔓，葡萄树的生命才能达到完美。对于人来说，"修理"代表着修剪和磨砺，教育中的"修理"是为了让学生改正不良习惯和不良品行，让一个个生命更加健康、更加完美。"修理"的目的是追求"美丽"。葡萄树植株呈现了百折不挠的外表美，果实酿造的葡萄美酒也能让人感到舒适。所以，我们构建的"葡萄树教育"，是追求美、塑造美的教育。

"葡萄树教育"是追求成长的教育。生命常接受"修理"，自然就能多结果子。在教育中，我们也同样希望结的果实越来越多。在中国古代，葡萄还有多子多福的寓意，这实际上是树本身多产的表现，所以种植葡萄是追求丰收的，就像我们的教育，是追求高产、高效的教育。"葡萄树教育"的第三个含义是我们追求师生的成长、学校的发展、教育的丰饶。

"葡萄树教育"离不开教师的培养。在葡萄树生长的过程中，还离不开一个重要的角色，那就是看护人，在他们的精心照料下，葡萄树才能长得更加茁壮，才能结出更多美丽的果实。就像教师，呵护每位学生健康美丽地生长，让学校的教育更加有生机。

综上，"葡萄树教育"追求并力争达到的目标是活力、美丽、丰饶。"葡萄树课程"，主干是我们的办学理念和课程目标，枝杈是我们开设的各类课程，孩子们在这样的课程体系之下，不断汲取营养，长叶、开花，最后结出丰厚的果实。

## 二、"葡萄树教育"的目标

"葡萄树教育"既体现了学校的发展目标，也体现了育人目标和课程目标，即在一个充满活力的校园中，让教师、学生都能积极探索、勇于创新，最终实现学生、教师的美丽生长，学校的特色发展。"葡萄树教育"树立全方位育人观，使学生在自由快乐的氛围里学会学习，享受学习，全面发展，富有个性。

（一）办学目标

办学目标体现一个学校的办学使命，也直接影响一个学校对自己的定位。办学目标的制定一方面基于学校对自身历史的追寻与继承，另一方面也基于其对自身办学特色的了解与对未来的期望。柳宗元在《种树郭橐驼传》中用"顺木之天，以致其性"来说明"养树"与"养人"的道理——顺应自然规律。育人就像养葡萄一样，要顺应孩子的自然天性和发展规律，"葡萄树教育"就是以人为本教育理念的升华。学校通过"葡萄树教育"理念，致力于把学校建设成一个让学生美丽绽放、让教育结出丰硕成果的快乐学园。学校"建设葡萄树教育品牌校"的办学目标，是希望通过教学相长的活力教育，收获丰饶的教育成果，成为密云区乃至北京市有一定影响力的、有特色的学校。

（二）育人目标

育人目标是学校课程整体设计的根本依据。育人目标必须是全面的和相对具体的。我校把培育美丽灵动的阳光少年确立为培养目标。一个人的成长就像是一棵葡萄树，不断汲取营养，生命中充满了活力，他的技能、知识就像那一串串的葡萄，而胸怀、情感、意志就是支撑葡萄树的支架，如果没有支架，葡萄树就只能匍匐在地并最终和它珍贵的果实一起烂掉。而具有完美人格也正是我们要培养的核心素养。灵动，是一种内在的活力，展现了孩子的一种精神状态，自信、健康、活泼，这是实现发展的前提和基础。美丽的含义，分为外显的和内涵的，外显的美丽是孩子们干净整洁的仪表和文明有礼的言行，内涵的美丽是他们学有所长、富有个性、品德高尚。

（三）课程目标

课程目标是学校的某一门或一类课程的总体目标。它直接来源于学校的培养目标，也是对整个培养目标的支撑。学校课程目标的确立要在学生的全面发展与个性发展之间追求适当平衡，应该满足学生的不同发展需求，利于激发教师的课程创生能力，利于促进学校形成办学特色。在办学理念的引领下，我校将"坚实基础、自主发展、社会参与"作为学校的课程目标，同时从学生核心素养中提炼出"人文积淀""勇于探索""乐学善学""健全人格""社会责任""劳动意识"作为课程的主干，构建"葡萄树课程"，实现学校课程多元多层次拓展，形成动态发展的课程体系。

### 三、"葡萄树教育"的内容体系

有人说"三流的学校靠校长，二流的学校靠制度，一流的学校靠文化"，这句话虽然是一句俗语，但是从中也可以看出文化对于一个学校的作用至关重要。在活力、美丽和丰饶的核心理念之下构建的"葡萄树教育"是积极向上、蓬勃发展的，这一教育理念贯穿在学校的教育内涵、教育要素、教育目的、教育活动和教育制度当中。具体来说，学校的"葡萄树教育"是在对办学理念的深刻理解和对办学目标的贯彻执行的前提下进行的，包括课程设置、实践活动、教师发展和评价体系这四个主要内容。

在课程设置上，在国家课程和地方课程的基础上发挥学校构建校本课程的主体性，依据学科课程门类、知识、主题和方法上的相关特点对知识进行整合，开发校本课程；设置多样的社会实践主题，并按相关主题开展综合实践活动；对本土优势进行充分发掘并创造性发挥，开设学校特色课程。这几个课程并不是完全割裂的，在一定程度上有交叉和重合的地方，相互关联、相互依托。

在实践活动上，我校以立德树人为根本要求，结合历史与现实，利用可供开发的校内校外资源，设立主题多样的活动，促进学生的综合素质和道德修养的提升。

在教师发展上，教师的专业知识、职业技能、专业情意和专业道德是四个主要方面。我们都知道好的老师对学生的正向作用是影响一生的，为此，教师应不断提高自己的发展意识和能力。在教学相长的交互作用之下，一个处于发展之中的教师将会给学校注入新的活力。

在评价体系上，对学校的发展进行评估，离不开评价的原则、标准和效果。评价的原则应是公正的、权威的，评价的标准应是可量化的、可观测的，评价的效果应是有利于活力、美丽和丰饶的教育理念之实现的。

# 第三节　凝练基本特征

## 一、清晰的教育目标

目标和目的不同，目的更多指的是倾向或方向；而目标除了表明发展的方向之外，还应是具体可操作的。教育目标是一个集合性概念，一个学校的教育目标可以说是最上位的概念。在前文中，我们阐述了学校"活力生长、美丽绽放"的办学理念，"建设具有'葡萄树教育'特色的快乐学园"的办学目标，以及绿色、活力、灵动、美丽、丰饶的主题课程文化。在接下来的内容当中，我们将进一步阐述学校在确立目标时所确立的原则以及目标在学生德智体美劳的素养中的主要体现。

我校的教育目标是清晰的，这主要体现在目标确定依据的原则清晰明确，目标的内涵符合德智体美劳发展的基本要求。

### （一）教育目标确立的原则

#### 1. 导向性

目标，顾名思义，是眼睛所看向的地方或者说所标定的地方，代表了发展的方向和道路。在学校的建设中，我校坚持"活力生长、美丽绽放"的教育理念，这一理念贯穿在学校发展的所有过程之中，既体现为显性的教育制度与教育活动，如一些明文规定和教师的教学模式；也体现为隐性的文化和教育氛围，如教师和学生所呈现出来的蓬勃向上、积极乐观的精神面貌。一个良好的目标如同引领人向前的标杆旗帜，有一股无形的力量驱动行路人凝成一股绳不断前进。

2. 操作性

好的目标不是悬浮在空中的楼阁，而是切实可行的，大到一个国家，小到一个人，目标的确立应该结合具体的历史和现状进行。对于一所学校来说，应该参考的要素包括学校曾经的历史与传统有哪些，从中可以获取怎样的值得参考的经验；学校的发展现状如何，包括地理位置、现有师资、生源成分、国家地方政策等。要充分利用现有的资源并开发潜在的资源，然后确定大的目标以及众多子目标。我们学校作为一所普通的农村寄宿制小学，利用张裕爱斐堡国际生态庄园、美丽乡村"蔡家洼"、天葡庄园等得天独厚的地理资源，建设"葡萄树教育"品牌，这一品牌目标的建立充分考虑了学校的实际情况，具有现实的操作意义。

3. 连续性

国家制定了可持续发展目标，在学校层面，同样要考虑目标制定的可持续性，或者说连续性。这代表了一个目标与下一个目标之间的关联，学校结合现实情况，制定了长期目标与短期目标。比如，三年规划和年度考核相结合、三年规划和长期目标相衔接。

4. 层次性

层次性强调的是目标的层次分类，如一级、二级、三级等。根据层级的不同，学校层面、班级层面和教师、学生个体层面的目标环环相扣并且相互促进。德育、智育、体育、美育和劳育层面的目标也应与各个层次目标有所区别与关联。

（二）教育目标的内涵

从学生素养的角度，我们将教育目标分解为德育、智育、体育、美育和劳育五个方面，这五个方面的目标组成了全面发展的整体素养，融贯在"葡萄树教育"培养活力、美丽、灵动的阳光少年的育人目标之中。阳光少年的培养目标正是德智体美劳素养的延伸和迁移。

所谓活力，在一个学生身上的直接体现是身心健康、茁壮成长，就像葡萄树的培育离不开光照、土壤、水分和热量；就像学生的成长需要充足的体育锻炼、劳动教育以磨炼其意志，需要知识的灌溉以丰富其思想，需要道德的培育以滋养其灵魂，需要审美的熏陶以塑造其气质。如此，学生的成长才是富有生命力的成长，这种生命力是蓬勃发展、锐意进取的，终有一天学生从学校迈入社会，这种活力迸发的精神也能使之步履不停。所谓美丽，是道德修养、气质禀性、学识涵养等要素的具象化，集中体现于个体身上而呈现出来的特质，美丽的学生自然也是全面发展的学生。

清晰的教育目标，渗透在学校建设的方方面面，推动着教师、学生和学校迸发出源源不断的活力和精神力量。

## 二、饱满的教育内容

### （一）学生、教师、学校

所谓饱满，指的是学生和教师精神状态的饱满。学生、教师和学校之间相互影响、相互作用、相互联系，学生和教师是学校的能动因子，双方一起构成了教与学的两个方面，教与学的互动影响着一所学校的发展，而学校的发展影响着教育资源和教育质量能否得到保障。

我校学生的发展要追求饱满。2016年，北京师范大学林崇德教授编制修改了中国学生核心素养模型，这一模型主要包括文化基础、自主发展、社会参与三个板块，涉及人文底蕴、科学精神、学会学习、健康生活，责任担当和实践创新六个方面，以及人文积淀、人文情怀、审美情趣，理性思维、批判质疑、勇于探究，乐学善学、勤于反思、信息意识，珍爱生命、健全人格、自我管理，社会责任、国家认同、国际理解，劳动意识、问题解决、技术应用十八个具体目标。我校的"葡萄树课程"将核心素养内化到学生培养之中，既注重学生情志情趣的人文底蕴的培养，又注重学生科学探究精神的塑造。

我校教师的发展要追求饱满。为了提高教师的教学能力和水平，我校邀请研修员为教师上引路课，骨干教师上示范课，同时组织教师研讨评课并针对具体问题共商共论，还会组织课堂评优活动。在形式上，包括专题讲座、理论研究、学术沙龙、观摩交流等多种多样的促进教师专业发展的方式。除此之外，我校还组织了一支高素质的师资团队，有高校教授、密云区研修学院研修员、葡萄种植技术员和校内辅导老师。

学校质量的发展要追求饱满。学校的发展是学校内部诸多要素的发展，是人、事、物的发展，其中人是主体、事是内容、物是保障。我校在学生的培养上开设了涵盖科技、艺术、文化领域在内的诸多课程，设置了富有特色的综合实践活动，其最终目的都指向人的发展。在管理上，安全、规范、精细是学校管理的准则。

（二）课程

我校在"葡萄树课程"体系的统领之下构建了以国家课程、地方课程、校本课程、综合课程、社团课程和特色课程为一体的课程体系，各级课程之间不是彼此独立，而是在某些方面有交叉。在落实国家课程的基础上，我校积极开发校本课程，比如，结合农村学校的实际，开设发明制作、创意构建和科学探索等课程；结合农村孩子的生活经验，从日常生活中的农具、家具取材开展实践活动；开设葡萄种植实验基地，通过观察、记录与探究葡萄的生长过程，培养学生的科学研究意识、方法、能力；组织学生给葡萄修剪枝条、扶藤上架等活动，锻炼学生的动手意识和能力，增强他们的体质与劳动技能；组织写生绘画以及阅读和品葡萄酒等活动，提升学生的人文素养和审美情操。葡萄树成了学校中亮丽的风景线，也成了校园文化重要的组成部分，葡萄树的精神融入了我们学校每一位师生的气质当中。除此之外,我校还有各种各样的主题活动,如"体育节""艺术节""读书节"等,充分利用了学校、家庭、社区的各种资源。种种课程设置,都是为了饱满的课程内容能够助益生活于其间的每一位师生的蓬勃生长,促使他们的生命如向阳生长的葡萄树一样鲜活、旺盛,为未来人生的幸福圆满奠基。

### 三、丰富的教育活动

本部分聚焦于综合实践活动,丰富多彩的活动形式有利于激发学生的兴趣和好奇心,同时这些丰富的活动也有利于学生德智体美劳的全面发展。

#### (一)德育

为践行社会主义核心价值观教育以及落实立德树人的根本目标,我校通过多种方式育人,从优秀的历史文化当中汲取资源,开展节日主题教育活动;从重要时间点当中汲取资源,在国庆节、国家公祭日等特殊日期向学生宣传价值观教育;从日常行动中汲取资源,将德育活动渗透到学生学习生活的方方面面;从家长处汲取资源,欢迎家长进学校讲课并引导家风建设;从社区汲取资源,组织社区实践活动。这些实践活动从理论到实践,从学校到家庭、到社区,从历史到现实,使学生们的世界观、人生观、价值观一步步成熟丰满,有利于社会主义核心价值观的宣传与弘扬。

（二）智育

我校重视国家课程和地方课程的落实，同时也通过校本课程、综合课程和特色课程对课程进行拓展和延伸。在知识的传授方面，我们充分遵循学生的心理发展顺序和学科知识的建构顺序，从学生的现有水平出发，教给他们能够掌握的知识。著名心理学家皮亚杰将儿童的认知发展划分为感知运动阶段（0～2岁）、前运算阶段（2～7岁）、具体运算阶段（7～11岁）和形式运算阶段（11岁～成年）。结合学生的认知发展水平，我们在教学过程中注重使用直观教学、演绎教学和实验教学等多种形式开启学生的智慧，在科学和人文等课程之中通过展示知识的魅力激发学生的自主探究意识。比如，让学生观葡萄、写葡萄、画葡萄、拍葡萄，培养他们的科学素养和人文素养。

（三）体育

我校秉持阳光少年的育人理念，"阳光"一词本就包含了学生身心健康的培育目标。我校为促进学生的体质健康，全面推进素质教育，提升健康水平。在常规项目上，我校开展了形式多样的体育课，在学期中举行田径运动会，让学生在运动的过程中挥洒汗水，提升身体素质。通过活动和游戏的形式，学生们得以在快乐的体育课堂上健康成长。

（四）美育

我校以"葡萄树教育"课程为依托，开展了"创建葡萄乐园、探究葡萄科技、塑造葡萄精神、感受葡萄文化"的特色活动。葡萄树已经成为我校的自然风光和人文景色的组成部分，在校园内随处可见。学生在亲近自然的过程中，对美的感知能力进一步加强。一个充满活力、美丽与灵动气质的阳光少年，自然也是善于发现美、感知美和创造美的优秀少年。

（五）劳育

我校将劳动教育融入我们的日常教育活动之中，比如，我校开展的葡萄种植与管理课程，旨在培养学生的劳动能力。学生通过栽葡萄、管葡萄、摘葡萄、尝葡萄，学习葡萄的栽培与管理方法，劳动的知识和劳动的技能在潜移默化中得到提升。同时，在此过程中，他们见证了生命的成长，收获了丰收的喜悦与分享的乐趣。

**四、完善的教育制度**

（一）安全：生命的第一要义

学校安全工作关系到学生的健康成长，关系到家庭的幸福和安宁，关系到学校的改革和发展，关系到社会的和谐与稳定。我负责学校安全工作以来，始终高度重视此项工作，从政治的高度，充分认识到学校安全工作的重要性和紧迫性，始终坚持"安全第一，预防为主"的方针，扎实开展工作，有效地避免了各种事故的发生。

1. 领导高度重视，组织机构健全

学校从人力、物力、财力上为安全工作提供了有力保障，确保学校各项安全工作措施的落实。学校成立以孙翠明校长为组长的学校安全工作领导小组，并由总务室负责师生的日常安全管理工作。学校制定了"安全专项会议制度"，每月召开专项会议，布置安全工作，汇报安全问题，针对问题讨论解决并及时落实。

2. 制度建设完善，主体责任落实

建立并落实"党政同责、一岗双责、齐抓共管、失职追责"，"管行业必须管安全、管业务必须管安全、管生产经营必须管安全"的安全管理责任体系。安全责任层层分解，层层签订责任书。

3. 宣传教育到位，凸显教育合力

安全宣传教育，旨在提高师生的安全意识，我校的宣传教育活动始终坚持一个"恒"字，做到了有计划、有措施。结合中小学生安全教育日、防灾减灾日、消防宣传日、交通安全日等学习日开展主题安全宣传教育活动。坚持每月出一期安全教育海报，每逢假期认真做好安全教育知识讲座。

各班级每期黑板报都要有安全教育专刊，每学期要召开一次以安全教育为主题的班会。同时要求班主任在安全工作上必须持之以恒，做到"三勤"——口勤、腿勤、眼勤。

充分发挥法治副校长的教育作用，主动邀请法治副校长每月到校开展一次法治安全教育活动。同时积极配合派出所，做好学校周边安全工作的管理，与工商、综治等部门联合行动，努力清除各项影响学校安全和稳定的隐患，保障全体师生都能在良好的环境中工作和学习。

4. 落实日常工作，及时排查隐患

（1）扎实做好门卫管理工作，严格来客登记制度，外来人员经过许可方可入校。学生在校期间不准离校，对于晚离校的学生学校安排专人管理，做好延时服务。加强保安人员的岗位技能培训，提高其应对突发事件的能力。节假日、寒暑假安排干部带班，做到各处不断岗、不脱岗、不离岗，认真履职。(2) 建立"巨各庄镇中心小学带班干部一日流程"，做到执勤的干部、教师、学生课间到位、午休到位、晚活动到位，保证课间在楼道及校园主要位置都有学生、教师、干部值岗，有效避免意外事故的发生。(3) 落实巡视制度，确保第一时间发现问题，保障人员、财产的安全。校园保安要按时巡视，做好记录。部门干部要每天坚持巡视所负责的区域，各位党员要每天巡视所负责的范围。多层次的巡视提高了实效，使得发现问题更及时，消除隐患更快捷。（4）重视消防工作，各楼、各层、各班室、各宿舍的疏散演示图清晰明了，安全出口标识、指示牌位置明显，消防通道无杂物，学校过道、图书室、库房等都配置数量充足的灭火器。(5) 认真做好食堂管理工作，为了使学生每餐都能正常吃上安全营养饭菜，学校坚持干部配餐制度，实行定点配送制度，履行接货签字手续，细化操作过程，做好留样及记录。（6）安全工作检查注重实效，学校安全工作实行定期检查制度，每月检查一次，特别是教室、宿舍、学校围墙、电线路、食堂及其他公共活动场所的设施设备，是重点检查的项目。我校的检查注重实效，该说的要说，该做的要做，该红脸的就要红脸。"严"是对各部门的爱，是学校安全工作有效落实的保证。

5. 活动组织严密，重视能力培养

为提高学生的自我救护能力，我校认真组织开展安全预防演练，每月要依据疏散图进行不同班级、不同层次的实际演练，保证每个教师和学生明确疏散的要求与路线。每次演练做到分工负责、责任到人，确保演练取得成效。

学校组织活动严密，在活动前，对活动场所、内容进行认真考察，制订活动方案，宣布活动纪律，对特别顽皮的学生，要求班主任做好管理工作；活动中，充分发挥班级小干部的作用，使其配合班主任管理好班级；活动后，各班级要讨论活动的收获，学校及时总结经验。

## （二）质量：教育的永恒追求

有了全面而高位的目标，接下来需要思考的是如何将这些目标落到实处，因此我们建立了对教师的考核、反馈与评价制度。

教师要树立自我专业成长意识，养成自主学习、终身学习的习惯，要成为专业发展的自觉实践者和受益者。一名新教师成为合格教师、骨干教师、优秀教师、名师、专家型教师、教育家的过程，是不断学习、实践、积累、研究和创新的过程。我们的教师扎根于课程实施的土壤之中，不断地汲取营养，把从他人那里学来的经验模式放在实践中去体会、去融合，形成了自己独特的教学风格。近年来，教师们做市、区级研究课、观摩课、视频课二十余节，他们的论文、教学设计多次获奖或在刊物上发表，多人次获得区级以上荣誉称号。

在考核上，校、班以及教师个人，都是既包括外在的他评，也包括内在的自评，同时我们还注重学生对教师的评价和反馈意见。从时间上看，大到年，小到每月、每周、每日，教师的教学反思都应当落实到细微之处。如此，教育质量才能从量变到质变。

总之，我们的"葡萄树教育"，在回应"为谁培养人、为什么培养人和怎样培养人"问题的同时，也努力建构一套具有内在理论逻辑、实践逻辑的教育思想、方法体系，并将其应用于教育改革过程中，让全体师生感受到生命的鲜活和美丽。

第三章

# "葡萄树教育" 课程探索

近年来，全球的基础教育正在发生迅速的变革，我国基础教育课程改革也更加关注学生核心素养的发展和学习方式的转变。从聚焦学科核心素养、提升学生思维能力和实践活动能力、减少机械重复训练出发，提高课堂教学效率，在"减负"的同时"增效"并"提质"。如何推进基础教育新课程改革，这是摆在所有教育人面前的一项重要课题。

新的课程改革，使当前的教育呈现出了几大变化：

一是育人导向的变化，更加注重学生理想信念和核心素养的培养，关注学生的生命质量和价值，突出终身发展的理念。

二是关注课程的综合化、主题化发展趋势，强调课程整体育人的功能和价值。

三是更加关注学生学习体验、动手实践及创新意识的培养，注重综合实践活动课程及其包含的学科实践活动课程、开放性科学实践活动在课程体系中的地位和作用，突出实践育人的价值。

四是更加关注从课堂上减轻学生的课业负担，作业布置的形式及总量均发生较大变化。

五是课程更加贴近学生的生活，提供满足孩子现实生活、未来发展的课程，特别关注核心价值观、生涯指导、金融理财素养，突出学生是现实生活中"完整的人"。

六是课程适应性的变化，更加注重增加国家课程和地方课程的适应性及课时保障，突出地方、校本课程的时代性、开放性和灵活性。

七是明确课程自主权的进一步下放，增大学校的课程自主权，凸显区域和学校的课程领导力、建设力和执行力及课程特色。

八是学习方式的变化，更加注重学生体验、合作、探究和基于信息技术的学习方式。

所谓学校课程，就是在学校育人目标统领下的学校各类课程的整体构成，它以促进学校的特色化发展和学生的全面而有个性的发展为指向。课程体系一定要遵循学校的办学理念和培养目标来构建。教育者的教育观念必须转变，要与时俱进，要朝着培养人的综合素养的目标努力，这才是正确的方向。学校要统筹学科、育人环节，以实现全科育人、全程育人、全员育人和实践育人。

几年来，学校紧密围绕"建设葡萄树教育品牌校"的办学目标和"培养美丽灵动的阳光少年"的育人目标，通过完善制度文化、打造物质文化、丰富活动文化等形式积极推进学校文化建设工作，并取得了初步成效。一所特色鲜明的学校，学校课程文化也必须是丰满而又个性化的，坚持课程的研发与实施是促进学校特色发展的一项重要举措。学校需要的是由课程带动、由文化引领的教育教学改革，所以需要潜心挖掘和有效整合课程资源，形成自身特有的课程文化。

## 第一节　课程设计

办学理念是学校的教育哲学，是人们追求的教育理想，它是建立在教育规律基础之上的一种"远见卓识"，知识经验能否进入学校课程，以及学校为什么要设置有关的课程，都要经过学校的办学理念来筛选。

基于对葡萄树的理解，学校提出了追求活力、美丽、丰饶的"葡萄树教育"办学理念。这既体现了学校的发展目标，也体现了育人目标，即在一个充满活力的校园中，让教师、学生都能积极探索、勇于创新，最终实现孩子、教师的美丽生长，学校的特色发展。"葡萄树教育"树立了全方位育人观，致力于让学生在自由快乐的氛围里学会学习，享受学习，全面发展。

基于对学校文化理念的理解与落实，我们确立了"葡萄树课程"的基本框架。

课程目标：

坚实基础　自主发展　社会参与

学校核心能力素养：

人文积淀　勇于探索　乐学善学

健全人格　社会责任　劳动意识

学校在办学理念和核心价值素养、核心能力素养的引领下，以新课程为导向，以培养学生综合素养为宗旨，以培养师生创新精神为核心，创设有利于引导学生主动学习的课程实施环境，构建符合学校实际、凸显学校特色、提升学生核心素养的"重基础、多元化、综合性"的"葡萄树课程"体系。

## 一、"葡萄树课程"体系的指导思想

我校以遵循学生身心发展规律，适应社会进步、经济发展和科学技术发展的要求，为培养学生的核心素养和全面发展奠定基础为主要指导思想；以国家课程架构为基础，以"坚实基础、自主发展、社会参与"为课程目标，以"人文积淀""勇于探索""乐学善学""健全人格""社会责任""劳动意识"为课程主干，构建"葡萄树课程"，实现学校课程多元、多层次拓展，形成动态发展的课程体系。

## 二、"葡萄树课程"体系的发展目标

学校发展目标：通过三级课程一体化建设，落实学校提出的"葡萄树教育"理念，以人为本，顺应孩子的自然天性和发展规律，最终把学校建设成一个让学生美丽绽放、让教育结出丰硕成果的快乐学园。

教师发展目标：通过课程建设，实现教师专业发展两个方面的转变，即从学科教师向全科教师转变，突破学科边界实现全员、全科的整体育人；从课程的执行者向课程的开发者转变，不断提升教师的课程领导力。

学生发展目标：通过设置与开发多元、多层次的课程，培养美丽灵动的阳光少年。将学校的德育活动、学科教学、课外活动、实践活动、体育锻炼等内容通过顶层设计统一纳入课程管理范畴，构建以课程为中心，以教师、学生为课程主体，以活动为载体，以评价为纽带，以"基础性、人文性、综合性、实践性、创新性"为课程文化内涵的适合学生发展的课程系统，引导学生在活力无限的校园内汲取营养、学有所长、快乐成长，最终成长为美丽灵动的阳光少年。

## 三、"葡萄树课程"体系的设计原则

### （一）核心性原则

坚持课程改革指导思想，以国家课程为核心，构建课程体系。

### （二）校本化原则

结合学校学生的实际情况和需要及学校培养目标，通过校本教研，实现国家课程标准校本化实施。建设有学校特色的校本课程体系，全面发展学生素养。

（三）特色化原则

体现基础教育课程改革的基本精神，为学生发展和学校发展提供更多选择，促进学生在达到国家课程方案和课程标准所规定的基本要求的基础上学有所长，促进学校在均衡发展的基础上办出特色。

（四）整合性原则

整合性原则关注学生终身发展、全面发展，为人生奠基；强化学生主动学习、参与学习、探究学习、实践学习。让学生在自主实践中变被动为主动，自主获得知识经验，综合运用知识，在"发现问题、研究问题、解决问题"中培养学生的核心素养。

## 四、"葡萄树课程"体系的整体结构

基于提出的"葡萄树教育"的办学理念，我校构建了"葡萄树教育课程"体系（如图3-1所示），强调国家课程严格落实、地方课程彰显文化、校本课程自主开发、综合课程系列展开、社团课程异彩纷呈、特色课程富于创新。

（一）落实国家课程，提高学生的学习能力

陶行知先生说过："生活即教育"，因此课堂教学要联系学生的生活实际，把学生的生活经验作为一种重要课程资源开发整合，以丰富课堂教学。在义务教育阶段，学校课程应以国家课程为主。国

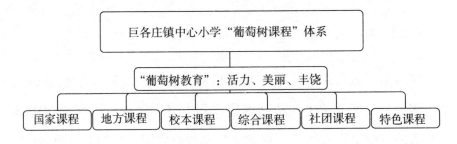

图3-1　"葡萄树课程"体系

家课程体现了国家意志，既保证了全体学生接受教育的权利，也为学段之间的顺利衔接提供了保障。学校在落实国家课程的过程中，在规范教学常规的基础上，提倡活力的教育、美丽的教育，让老师尽最大可能在课堂上给学生更多的时间和空间，通过长时间的实践和研讨，我们的学生敢于质疑、善于评价、乐于思考，教师课堂教学水平明显提高，学生在打好坚实基础的同时综合能力有了较大幅度的提高。

## （二）开发校本课程，培养学生的创新思维

校本课程开发有利于充分挖掘学生的个性潜能，促进学生的全面发展。教育作为培养人的活动就是要使每个人的个性得到充分而自由健康的发展，从而使每个人都具有高度的自主性、独立性和创造性。校本课程关注每一个学生的不同需求，给学生一个自由发展的空间，具体体现在课程的设置及课程内容的多样性、丰富性和可选择性。校本课程给学生提供了比国家课程更加丰富的问题情境，更能激发学生的积极思考和大胆想象，而且在活动中，学生会不断地接受各种新的刺激，遇到不同的问题，从而不断地变换思维方式

和角度，培养和发展思维的广阔性、灵敏性、深刻性。

作为北京市的科技教育示范校，学校一直充分利用校本资源和教师资源，结合农村题材进行综合实践活动，小发明和小制作的校本研究与创新，在系列的科技探究体验课程中，让学生逐步形成良好的性格和思维品质。

1. 发明制作课程

党的十九大报告强调，创新是引领发展的第一动力，是建设现代化经济体系的战略支撑。科技创新处于且将长期处于国家发展全局的核心位置。发明制作课程能有效激发学生的创新意识，在一定程度上提升学生的科技创新能力。我们以农村地区常见的农具、家具、生活用具为"动手做"题材，在校本课上带领学生研讨石磨、碾子、锯、背架、水车等工作原理，指导学生成功制作相关作品；此外，我们通过专室建设，购买了带锯机、迷你机床等设施设备，指导学生使用机床切割、拼接的操作技能制作的"丰收的苹果""葫芦七兄弟""小茶壶"，连续几年荣获北京市"我有一双灵巧手"竞赛一、二等奖。

2. 创意构建课程

国家的兴旺、民族的振兴呼唤着素质教育，而素质教育的核心是创新教育。创新教育的目的是要培养出具有创新意识、创新精神和创新能力的人才。作为基础教育，我们不能放弃孩子的全面发展，但是，毕竟我们面对的是一个个鲜活的生命个体，个体之间是有差异的。正所谓因材施教，我们必须尊重孩子的个性化发展。儿童的可塑性大，发展的空间也大。创意构建课程的设立，其目的之一是用创新意识唤醒孩子的社会担当，播种家国情怀，心在哪、智慧就在哪。有了社会担当和家国情怀，自然就会生发出无限积极向上的力量和无穷的智慧，从而走向智慧人生，用自己的智慧和才干报效国家。另一目的是让创意成为一种文化精髓、一种行事方式，以"让每个孩子成为创客"，来引领所有学生全面、个性、有特长的发展。学校投资十多万元购置了"创意构建器材"，教师利用每周一课时的校本课程，辅导学生开展"快乐搭建"活动，并连续几年荣获北京市"快乐搭建"项目一、二等奖。

### 3. 科学探索课程

科学探索是学生学习知识、发展能力的必要途径。培养学生探索精神，对于丰富他们的精神生活，增长知识，锻炼意志，发展特长，激发科学智趣，培养科学素质，都有着十分重要的作用。科学探索的首要条件就是对学习有强烈的愿望及积极的态度，渴望了解大自然的秘密，不断探索陌生的事物是小学生的一种特性，受各种条件的影响，这种"探索"带有一定的盲目性，所以我们要通过科学教学引导他们，使他们的探索活动有目的地进行，达到生活中能随时随地去研究他们所碰到的自然现象并试图加以解释的效果。学校创建的葡萄科学探索实验室，把盆栽葡萄引入室内，通过智能控制土壤和室内的湿度、温度，实现自动化浇水、排风、增温等功能，同时通过网络平台操作系统，精准化记录、存储数据，从而让学生逐步探索和积累盆栽葡萄自动化管理的技术和经验。同时，学校还开展了鱼、菜、花卉共生模式的科学探究活动，深受学生们的喜爱，使学生们在不断设想、实践、验证过程中提升了科学探索的意识和能力。

(三)设计综合课程，提高学生的社会实践能力

基于核心素养的学生能力的培养，是时代的要求，只有使学生具有社会实践能力，才能使其适应现代社会的学习、工作和生活。著名教育家陶行知先生就教育与生活的关系也指出："行是知之始，知是行之成"，它表明了"行—知—行"这一辩证唯物主义的认识论的观点。社会实践是课堂教育的延伸和补充，是学生了解社会的重要途径。学生只有在社会实践中，才能认识自我所长和自我所需，才能科学地认识和客观地看待社会发展中的问题，树立正确的价值观，提高解决问题的能力。

学校充分利用学校、家庭、社区等各项资源，真正落实综合实践课程的实施，分年级制订综合实践课程计划，每个年级每学期开展两个主题活动，涉及自然、文化、建筑、环保等各个领域，每年举办"体育节""艺术节""读书节"，让学生走出课堂、走进社会。通过社会大课堂活动，让孩子们主动观察，善于沟通；通过专题教育活动，让他们形成良好的行为习惯，学会奉献、懂得感恩；组织全体学生走进北京音乐厅，在高雅的艺术殿堂里欣赏中央少年广播合唱团"穿越世纪的天籁之音"童声合唱音乐会，让农村的孩子从小接受合唱艺术的熏陶。此外，我们还组织"粽香传情"端午节主题活动、"浓情中秋"活动、"活力生长 美丽绽放"学生综合素质展演等，让学生在实践活动中磨炼坚强的意志，亲眼看见国家改革开放以来取得的成就，感受价值体系的各种冲击，以积极的心态看待

社会的变革和变化，开阔自己的视野。

（四）开设社团课程，促进学生的个性发展

社团课程的一个重要任务就是发现学生天性，培养兴趣特长，而兴趣特长的发展一方面可能成为学生将来的职业方向甚至人生的方向，一方面会作为兴趣爱好伴随终生。

社团课程是学校文化的重要载体，是学生身心发展、拓宽兴趣的阵地，也是学生展示个性、内化能力的第二课堂。我校社团课程始于2012年9月，我们按照"深综改"要求，遵循"课内打基础、课外求发展"的思想，让学生乐学、会学、善学。学校每周的社团活动将教师的自主开发、学生的自主选择与学校的合理调控相结合，突出普及与提高相结合的原则，建立"葡萄树课程"审批制度。社团在内容设置上，分思维类、艺术类、体育类、科技类、文学类五个板块进行，活动面向全体学生，立足于学生全面素质的提高，促进学生的个性发展，引导学生在参与课程活动的过程中积极思考，进一步培养学生的学习兴趣、创新精神和实践能力，提升学生的综合学习能力。

2014年5月，我校有幸成为高参小项目校，成立了孟大鹏工作室。几年来，工作室的各位老师按照市、区教委的要求，创造性地开展工作，认真进行课堂教学，精心辅导合唱社团，正逐步将我校打造成以合唱为主的艺术教育特色校。在孟大鹏工作室的影响与支持下，我校的舞蹈、校园剧、绘画、琵琶等二十几个艺术社团课程也开展得有声有色，为每个孩子搭建了感受美、欣赏美、创造美的平台。

（五）建构特色创新课程，提高学生的综合素养

特色课程是指学校在满足国家课程设置的基本要求的基础上，结合时代发展需要、地域独特文化背景、学校办学传统和条件，以独特的课程理念为引领，充分挖掘可利用的课程资源，构建具有自身特色的课程。

独特性是特色课程的核心特征。特色课程的独特性，一是指与学校其他课程相比所具备的与众不同的品质特征；二是指与其他学校相比，是其他学校所没有或不及的。特色课程是学校依据时代发展对人才的多样化需求、学校所处地域特点、学校资源配置差异，充分利用和挖掘学校自身文化传统和教育资源，在深刻认识教育规律的基础上所形成的独特的单项课程或课程群。

在此基础之上，学校潜心挖掘和有效整合课程资源，从2013年开始，学校在传承和发展已有科技创新体验活动的基础上，开展了"创建葡萄乐园、探究葡萄科技、塑造葡萄精神、感受葡萄文化、构建葡萄课程"的特色活动，现已取得了良好的效果。办公楼前摆放着的盆栽葡萄已经挂果，这是每班学生认真负责管理的成效；操场西侧的葡萄乐园，学生可以在里面研究葡萄、绘画、写观察日记，也可以在葡萄架下阅读书籍、纳凉玩耍，还可以在属于自己班级的一小块土地种植瓜果蔬菜。同时，位于张裕爱斐堡生态园内的校外实践基地为孩子们的学习提供了更加广阔的空间：开春给葡萄枝条扒皮，促进葡萄藤发芽；葡萄成熟了，我们组织"葡萄采摘节"活动。学校根据课题"农村小学科技教育校本课程开发的研究"，进行

研究梳理，积极探索、认真落实课改精神，尝试将多学科有机整合，目前开设了三个以葡萄为主题的综合实践活动课程。

1. 开设葡萄种植与管理课程，培养劳动能力

葡萄种植与管理过程如图 3 - 2 所示，学校让学生通过栽葡萄、管葡萄、摘葡萄、尝葡萄，学习葡萄的栽培与管理方法，培养他们的劳动能力，激发他们的爱心，通过采摘节让孩子们懂得分享劳动的果实。学生在活动中不仅掌握了管理葡萄的科学技术，还学会了合作，见证了每一株幼苗成长的过程，最后品尝了果实的甜美。我们希望学生能慢慢体会到，管理葡萄的过程就像我们的生命过程，在潜移默化中对学生进行珍惜生命的教育。春季，我们组织葡萄树"开土扒条"仪式，通过挖土扒条、扶藤上架的过程，让学生动动手、出出汗，同时体会春种的意义和对收获的憧憬；盛夏，我们带

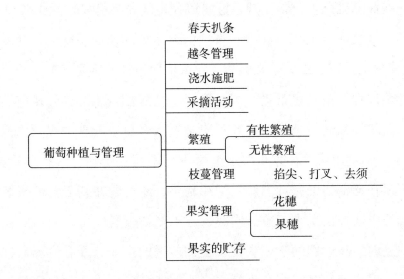

图 3 - 2　葡萄种植与管理

着学生穿梭在葡萄架下，掐枝打叉，做葡萄树的"修理工"；初秋，我们体验收获，品尝劳动的果实；冬季，我们尝试酿造葡萄美酒，感受葡萄酒带给人的愉悦。学生在系列管理活动中，树立了自主的劳动意识，提升了劳动能力。

2. 开设葡萄科技探究课程，培养科学素养

使学生通过观葡萄、写葡萄、画葡萄、拍葡萄的过程，培养他们的科学素养。葡萄科技课程主要包括三项，如图3-3所示。一系列的主题研究活动在辅导教师的指导下按部就班地实施，学生体验葡萄土壤层模型的制作；在盆栽葡萄日常管理中进行土壤湿度与浇水量的研究；定期观察葡萄叶生长变化，撰写研究报告；进行坐果率的调查，写出自己的收获；在自制葡萄果汁的探究活动中，感受科学知识带来的快乐。学生们观察、记录、拍照、拍摄视频，积累研究素材，最后写出研究报告。

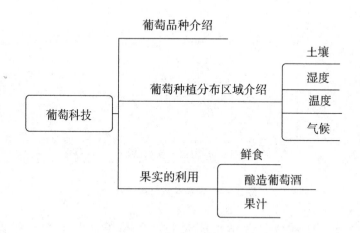

图3-3 葡萄科技课程

3. 开设葡萄艺术体验课程，提高艺术修养

通过讲葡萄、读葡萄、唱葡萄、悟葡萄的活动提升学生的综合素养。葡萄艺术体验课程有美术类、音乐类、文学类、创客类，如图3-4所示。让学生收集有关葡萄的小故事和小文章讲一讲，然后创编出自己的小故事、小文章，培养他们的表达与写作能力；找关于葡萄的诗词歌赋去诵读，感受传统文化的魅力；结合学校孟大鹏工作室的合唱工作，唱关于葡萄的歌曲，然后引导孩子自己去编一首关于葡萄的歌，甚至是有趣的儿童剧，边演边唱，提升创造力；最终让孩子有所悟、有所思，形成良好的人格，具备正确的人生观和价值观。这也是我们"葡萄树教育"最终追求的目标。

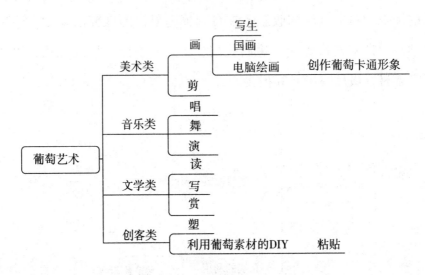

**图3-4　葡萄艺术体验课程**

丰富多彩的课程，让学生面对的不再是单一的书本，而是多姿多彩的生活，进而打开了学生的视野，增长了他们的学识。

## 第二节　课程实施

学校课程领导小组负责制定学校课程实施方案，确保学校课程有条不紊地落实到位，具体实施中坚持教研与日常教学紧密结合，一切围绕学生的学来开展。教务处落实学校的课程设置、课时安排，教研组负责校本课程的研发任务。各年部主任、学科备课组长负责组织年级课程的日常运行以及检查课程的实施情况，指导学科组开展教研、质量分析工作，做好教学常规的检查和反馈工作。

### 一、扎实推进课堂教学改革

我校在课程设置上采用长短课结合的方式。语文、数学、综合实践均为长课形式，每学时一般为 45 分钟，三至六年级周四下午实践活动 1 学时为 60 分钟；其他学科均为短课形式，每学时一般为 30 分钟，一至六年级每天开设 10 分钟的诵读微课程。课程依据课程实施的需要和教师的能力诉求而设置。

### 二、整合重组综合实践课程

学校统筹安排综合实践活动，把学科实践活动、信息技术、劳动技术、研究性学习、社区服务和社会实践等合理整合，开展综合实践活动课程。信息技术与劳动技术两学科的学习内容要分年级整合到其他学科及综合实践活动课程中，确保落实国家课程。综合实践活动课程时间统一安排在下午，一、二年级安排周一3学时，三至六年级全部安排周四3学时，每学期18次，其中，校外5次、校内13次。校外5次综合实践活动课程由市、区、学校三级采取1:2:2的模式共同组织落实，形成包括课程目标、课程主题、课程内容、课程实施、课程评价在内的完整课程体系。

### 三、课程门类的整合与优化

首先，我们进行学科课程门类的整合。把广泛开设的学科课程门类融合为五大类（国家课程、地方课程、校本课程、综合课程、社团课程），以大领域设计的思路来勾画学校的整体发展，避免了学科门类庞杂、繁多、各自为政的缺点，很好地促进了学校整体教学的优化。

其次，进行学科课程知识的整合。利用学科门类之间的相关性、相似性特点，在学科课程内进行以知识为中心的课程整合。例如有一堂数学课，就是把科学探究的观察、测量等过程与平方千米、公顷的认识融合在一起，体现了数学和科学的整合；又如语文课上的课本剧，融合了诵读、音乐、表演等，是语文学习与多种舞台艺术学习的整合。

再次，学生生活实践的整合。为了把孩子们精彩纷呈的生活实践变得更有意义，我们进行了以实践经验为中心的课程整合。如品德与社会实践课"走近蔡家洼",就是以孩子们的生活体验为主的整合;研究性学习课"葡萄乐园乐趣多",是以孩子们的学习经验为主的整合。

最后,学生学习方法的整合。我们还进行了以学习方法为中心的整合。如在科学探索课中,孩子们用 iPad 等信息化设备进行人机互动,体现了以方法为中心的整合。

## 第三节 课程保障

学校课程的实施,需要制度文化做保障。好的制度,能够规范师生的言行,形成良好的风尚,有利于学生良好道德品质的形成,有利于学校教育教学工作的和谐有序开展。现代学校制度必须落实到每个环节,在自我管理中升华为共同的价值追求。我校把规范落实课程当作头等大事,"葡萄树课程"绝不是"花瓶课程",它在一定程度上能改变学生的学习方式,改变单纯地接受教师传授知识的方式,为学生构建开放的学习环境,为学生提供更多的获取知识的渠道,促进学生形成积极的学习态度和良好的学习策略,培养学生的创新精神和实践能力,这对于学生的学习和其人生发展都能起到非常好的促进作用。为了保障课程的实施,学校在课程开设、内容安排、实施方案上都做了极为详细的策划和落实,并在教师配备与培训、保障措施方面做了最大的努力,逐步摸索出一些适合我校情况的课程实施方法。

## 一、成立课程建设组织机构，保障课程建设有效推进

学校成立了课程管理小组，组长由校长担任，负责校内外指导力量的组织协调和设备利用、计划制订、过程落实、实施指导、检查管理等工作的统筹安排，以保证综合实践活动课程的顺利开展和有效实施。

1. 课程建设顾问组

余清臣（北京师范大学教育基本理论研究院副院长）

刘英健（北京师范大学教授）

刘永胜（中国教育学会小学教育专业委员会常务副理事长、原北京市光明小学校长）

王佩霞（北京师范大学教育培训中心特聘专家）

2. 课程建设领导小组

组　　长：孙翠明　负责学校课程的顶层设计与方向把控

副组长：李庆丰　负责课程建设的全面开展情况

　　　　赵瑞平　负责课程建设的政策把握

成　员：李桂侠　马莉莉　许　艳　刘晓敏

　　　　魏　芳　刘小红　王海亮

## 二、强化课程管理制度建设，确保课程扎实开展

1. 学校建立"教师课程申报制度"

教师根据学校总体的课程体系规划，针对学生实际，结合自身的教育教学的特点、实践经验，申报个人或教师小组的课程计划。

2. 学校建立"课程审议制度"

由课程中心负责审议教师撰写的"课程纲要"，一要审"纲要"内的项目是否齐全；二要审授课时间是否确定；三要看课程目标的确立是否恰当、合理，是否符合新课程理念，是否与学校校本课程总体目标紧密联系；四要看课程内容是否适合授课对象；五要看课程实施建议的可行性；六要看课程评价是否关注学生情感态度价值观，过程与方法，知识与技能，探索与创新。对审议内容要做好详细记载，经过大家讨论、分析、归纳后，确立所开课程，并公告审议结果。

3. 学校建立"学生选课制度"

经学校审核同意开设的特色发展课程，学校将拟开设课程目录向全体学生公布，指导学生结合家长选择，参加课程学习。

4. 学校建立"课程实施质量监控制度"

完善学校质量监控管理体系，树立全员质量监控意识，根据教学流程管理要求对课程实施随机和定期检查，努力发挥教师在监控过程中自主追求、主动提升的主观能动作用。

5. 学校建立"学生评价制度"

学生评价是学校教育教学评价的核心。新课程标准对课程的评价做了全面而精要的论述，明确指出："评价的目的是全面考查学生的学习情况，激发学生的学习热情，促进学生的全面发展。"学生的学业评价，是一种发展性评价，应坚持以人为本的教育理念，关注每一个学生的全面发展、持续发展和终身发展。

6. 学校建立"经费保障制度"

学校加大对教学设施设备、图书资料等硬件建设及校外人力资源的资金投入，满足课程建设的需要。学校开辟课程实施专项经费，确保校本教材的编制、拓展课程的开设、课程特色项目的评比、课程改革创新实践教学展示等持续发展。

## 三、提升教师课程领导力，确保课程实施效果

"葡萄树课程"体系的整体构建彰显了校长的课程领导力，然而，课程建设的最终结果取决于教师的课程领导力。那么，如何培育教师团队的课程领导力呢？学校的主要做法如下。

（一）给足自主权，为教师团队课程的设计与实施提供保障

以学校葡萄科技课程为例，为推进综合实践课程，学校成立4个团队，团队成员包括本年级的语文、数学及科任教师，共10人左右。每个团队有一名团队长，负责人员召集、活动组织、课程实施评价等。

每个团队（每个年级）的课程内容如融合、重构以及学科教师间如何协同等，全部由团队规划、设计。开学初，各个团队上报学校课程开发中心实施方案。实施方案包括人员分工、课程说明、课程目标、教学进度、学时教案，同时还要规划出外出参观、开展活动的时间、地点及承担的任务。

另外，为保障课程的顺利推进，学校给予各个团队行政、财力支持，每个团队均安排一名副主任以上干部，协调、统筹使用学校资源，申请购买活动所需材料。

最终，通过这样的一种机制，教师团队成为课程实施的主动设计者，而不仅仅是被动的课程接受者。

（二）改变培训方式，促使团队自觉卷入课程规划圈

学校暑期进行了干部及校级以上骨干教师的研讨会，较系统地规划了学校的整体课程体系。开学初召开全体教师培训大会，从学校核心素养的界定到学科课程的校本化实施，从立足学生核心素养培育的校本课程的规划到学生社团活动课程的架构，从综合实践课程的顶层设计到当前课程改革的理念学习等，对教师团队进行了系统培训。

所有培训全部依据校长讲座—团队研讨—团队谈规划—团队评议的流程，使教师团队做到了解课程改革意见、了解学校课程整体规划、了解本团队的具体任务和目标，促使团队主动卷入课程规划之中。

（三）强化督导与评估，逐步提升教师团队的课程领导力

课程实施过程中，团队由开始的不适应到现在的从容，驾驭课程的能力逐步提升，这与学校适时的督导、评估是分不开的。自从综合实践课程实施以来，每次都有干部到各个团队去听课、督导，团队每学期均要进行期中、期末总结，学校定期召开各个团队长的汇报交流会，不断提升教师团队把握课程实施的能力。

## 四、创新运行机制，提升课程管理水平

为整体推进学校课程建设工作，学校对原有管理模式进行改革，成立了课程开发中心、教学管理中心、学校发展中心，其职能分别为：学校发展中心负责课程设计、教师培训、实施督导、效果评估；教学管理中心负责学科课程校本化的具体设计与实施，校本课程的实践化推进工作；课程开发中心负责综合实践课程、社团课程、校本课程的开发与管理。三个中心既分工又合作，成为一个有机的整体，从而带动整个教师团队融入课程建设之中，以推动整个课程建设的改革。

课程实施是实现预期教育结果的手段。课程实施过程是教师教的过程，更是学生学的过程。"葡萄树课程"体系的建立，目的就是让学生主动参与、乐于探究、勤于动手，培养学生收集和处理信息的能力、获取新知识的能力、分析和解决问题的能力，以及交流与合作的能力。在实施的几年里，学校、教师和学生都发生了可喜的变化。

# 第四章

# "葡萄树教育" 实践活动

立德树人是教育的根本任务。早在 2014 年，教育部《关于全面深化课程改革落实立德树人根本任务的意见》就提出"立德树人是发展中国特色社会主义教育事业的核心所在，是培养德智体美全面发展的社会主义建设者和接班人的本质要求"。德育为先、能力为重、全面发展的教育理念得到普遍认同。

新时期，经济全球化深入发展，信息网络技术突飞猛进，社会需求更加多元化；学生成长环境发生深刻变化，青少年学生思想意识更加自主，价值追求更加多样，个性特点更加鲜明；国际竞争日趋激烈，人才强国战略深入实施，时代和社会发展需要进一步提高国民的综合素质，培养创新人才。因此，这些变化和需求对立德树人提出了新的更高要求。

# 第一节　"葡萄树教育"实践目标

2020 年 3 月，中共中央、国务院出台了《关于全面加强新时代大中小学劳动教育的意见》。新时代加强劳动教育必须以习近平新时代中国特色社会主义思想为指导，落实立德树人根本任务，把劳动教育纳入人才培养全过程，贯通大中小学各学段，贯穿家庭、学校、社会各方面，与德育、智育、体育、美育相结合，把握育人导向，遵循教育规律，创新体制机制，注重教育实效，实现知行合一，促进学生形成正确的世界观、人生观、价值观。

在"葡萄树"特色教育探索中，我们发挥综合育人功能，不断提高学生综合运用知识解决实际问题的能力，夯实立德树人的基础，注重人才培养模式改革深化，在课程育人以外，积极寻找立德树人突破口，在实践育人中，培养学生自主发展、合作参与、创新实践的能力。注重育人的针对性、实践性、体验性、过程性，以学生全面发展、终身发展为目标，不断增强立德树人的社会合力和整体效应。

我们将立德树人与镇域经济有机结合，制定了六年规划（2015—2020 年），开设了"创建葡萄乐园、探究葡萄科技、塑造葡萄精神"主题实践研究活动，促进学生个性发展、教师专业发展、学校特色发展。此活动以班级研究为基本活动形式，开发特色综合实践活动课程，依托校内葡萄乐园及校外葡萄实践基地，结合研究性学习、社会大课堂、科技活动、社团建设、课外活动等形式，将综合实践活动与科学、语文、数学、品德与生活、品德与社会、信息技术、劳动技术等学科整合，增强学生的综合素养。

我们以社会实践为载体，用好校内、校外两种资源，将劳动教育融入学生日常学习和生活，引导学生体会劳动的喜悦，懂得劳动最光荣、劳动最崇高、劳动最伟大、劳动最美丽的深刻道理，在动手动脑中培养全面发展的时代新人，在实践活动中找到立德树人的突破口。

## 第二节 "葡萄树教育" 实践特征

中共中央、国务院《关于全面加强新时代大中小学劳动教育的意见》提出要"遵循教育规律，符合学生年龄特点，以体力劳动为主，注意手脑并用、安全适度，强化实践体验，让学生亲历劳动过程，提升育人实效性"。

### 一、体验性

实践活动是一种深层次的体验，不是在静态课堂上获得的浅显的、表层的快乐，而是通过动手实践出力流汗，经受磨炼后，体会到苦尽甘来的成就感。学生参加的实践活动，作为动态的、亲身体验的内容，能够彰显育人价值。

我们在学校办公楼一层摆放了 30 盆盆栽葡萄。这些葡萄苗都是教师带领学生亲手剪枝、育苗成功的。这就引导学生在孕育盆栽葡萄的过程中，体验了生长与生命的意义。

综合实践活动老师课上带领学生观察和测量葡萄叶片及藤蔓的生长情况，给葡萄苗施肥、浇水，记录葡萄苗长势，学习盆栽葡萄的栽培与管理方法等。学生们通过亲身感受葡萄植株生命孕育的过程，懂得珍惜生命、热爱生活。

学生们在活动中发现，葡萄叶片是不完全对称图形，如何通过观察葡萄叶片，辨别葡萄品种呢？为了解答这个问题，老师带领学生开展了"葡萄叶片辨别葡萄品种"的研究活动。学生们通过研究发现，葡萄叶的形状是不完全对称的图形，叶片由三部分组成——叶柄、叶片和叶托。叶柄、叶片一眼就能观察到，可是叶托就很难被发现了，因为葡萄叶刚长成的时候像个花骨朵，需要有叶托保护幼叶，当叶片完全长大散开时，叶托就自动脱落了，所以我们往往看到叶片时，叶托就已经脱落不见了。这个时候有同学若有所思地举手要发言，经过老师同意后，她说："老师，我发现叶托真有无私奉献、默默付出的精神，当叶片长出来，它的任务就已经完成了，然后它就默默地消失了，不给葡萄树增加负担，真是太伟大了。在我们生活中，有很多人工作在平凡的岗位上，他们兢兢业业，从无怨言，我也要做一名懂得奉献和感恩的人。"

在这样的学习和交流过程中，学生经受着爱的奉献与洗礼，感受着生命的意义。

2013 年 3 月，学校在张裕爱斐堡生态庄园建立了葡萄科技校外实践基地,学生利用每周五下午的社团活动时间来基地探究学习。

每年开春时节,学生们给葡萄枝条扒皮,促进葡萄藤发芽。5—7月份,学生定期观察葡萄的生长过程,学习葡萄的栽培和管理方法。葡萄成熟了,学校组织"分享收获:葡萄采摘节"活动,从学生们幸福、快乐的表情就能感受到这项主题实践活动是多么受他们的喜爱!我们学校的每名师生都品尝到了在校外综合实践活动基地种植的鲜食葡萄"摩尔多瓦"。

另外,我们的老师带领学生到张裕爱斐堡生态庄园、天葡庄园等校外基地开展"探秘科学之旅"校园情景剧的排练、演出及拍摄等活动,美术教师指导学生在葡萄架下写生,书法老师和孩子们在这里写出他们对葡萄的赞美之词,语文老师带领孩子吟诵葡萄诗词,劳动技术老师和孩子们用巧手塑造葡萄娃娃的立体造型……各种形式的活动给学生以美的熏陶,用科学、艺术启迪学生美好的人生。

## 二、自主性

学生应该自由、自主、快乐地参与活动,教师要有意识地为他们创设贴近其生活经验和真实需要,能促使其自主选择、自主锻炼的环境和条件,通过合理安排实践活动,来增强他们的自主意识,提高他们的自主能力。

在全面贯彻劳动教育的今天,教师应该对活动价值有理论思考,将每个环节中蕴含的学生自主性培养的契机提炼出来,营造学生发挥自主意识的环境氛围,激发他们参与活动的积极性和主动性。

　　我们的实践活动不仅培养了学生吃苦耐劳、埋头实干的实践能力，还在劳动实践中，引导学生主动去发现问题，并围绕问题展开研究，整合所学各科知识，满足实际需要，变单一被动的体力劳动为具有思维含量的自发创造性劳动，提升学生创新精神，促进学生自主探究发展。

　　学校创建葡萄乐园，搭建学生自主探究学习平台，提高学生学以致用、活学活用的能力，提高他们的自主意识、劳动精神、科学素养和思维品质。

　　学校在操场西侧创建了1500多平方米的多功能葡萄乐园，学生在乐园里可以研究葡萄、写生、写观察日记，也可以在葡萄架下阅读书籍、纳凉玩耍，还可以选择一小块土地种植花草树木、瓜果蔬菜等，孩子们在葡萄乐园中按照自己喜欢的方式，快乐地获取知识、提高技能。他们张大好奇的眼睛，在乐园中主动探究学习，自己动手，学习种植技术；自己动脑，总结提炼，撰写小论文、制作手抄报，不知不觉中就获得了极大的提高。天真的孩子们快乐地赏葡萄美景，赞葡萄精神，真是一幅美丽的成长画卷。

　　学校还为学生们创设各种主题活动，以提高孩子们主动探索、主动创造的能力。

　　最受学生们欢迎的主题活动是"我是葡萄乐园小导游"，学生们利用社团活动时间、中午午休时间等自发地来到葡萄乐园中搜集资料，了解葡萄的品种，观察葡萄园中植物种植和生长情况，访谈葡萄园的管理者，向老师请教关于葡萄的相关知识。在这样的活动中，学生主动求知、实践感悟的能力得到了最大限度的激发。学生制订了活动计划，确定自己要做"葡萄乐园"哪部分的小导游，进而有目的、详细地收集资料，然后归纳整理、撰写导游稿。教师依次对每名学生的导游稿进行审阅与批改，指导学生熟背和演练，使得学生对葡萄树有了更深入的认知。当他们兴高采烈地来到葡萄乐园中为老师和同学们做讲解的时候，他们的口语表达、人际交往能力都得到了极大提升。学生们在葡萄乐园中，感受自主探究学习的过程，体验科学启迪人生的乐趣。

当然，这样的自主探究学习活动给广大教师提出了更高的要求，教师只有不断地努力提高自己科技、艺术等方面的综合素质，才能适应改革的需要。综合性较强的主题活动，蕴含着更多的人文素养，而其教育不是通过灌输来获得的，是让学生置身于情境中自我体验、相互影响而丰盈起来的。此时，学生道德情操的高尚、审美气质的显扬，来源于"创建葡萄乐园、探究葡萄科技、塑造葡萄精神"主题活动本身。因此，主题活动中教师要发挥自身的力量，用自身的人文精神去滋润、去涵养、去提升学生的人文素养和品味。与学生共同探讨每个主题时，要当好导演，找出不同艺术领域和不同学科之间的相通点，调动学生参与艺术的兴趣，导演出有声有色的校园剧，使学生愉悦精神，陶冶情操。

毋庸置疑，对学生学习效果影响最大的是学生的自主性，包括自主规划能力、自主管理能力和自主学习能力。而各种实践活动不仅让学生在动手中发现自我改造社会的力量，也让学生在各种动脑中不断提升对世界的认识，以更好地适应未来的发展。

### 三、综合性

实践活动不仅能增强学生的能力，也会改变学生的生活方式，有利于学生在感兴趣的领域全面提高其核心素养，是培养学生主动探究、团结合作、勇于创新精神的重要途径，肩负着工具性与人文性的两大重任。实践活动的综合性，不仅让学生走出学校、走出教室、走出课堂、走进广阔的社会天地，更把学生从被动的听讲、做笔记、做题、应考等学习方式中解放出来，鼓励学生自主选择，积极尝试多样的学习方式。

随着社会的发展进步，我们努力让学校的实践教育具有鲜明的时代特征，在"葡萄树教育"实践中，增加脑力活动、创造性劳动，凸显地域实践活动的综合性。

一是注重主题活动目标的整合。学校加强顶层设计，实现活动和育人的结合，更将实践教育纳入学校常规工作予以统筹安排。在主题实践活动选题及实施过程中，学校管理者结合学校办学目标，群策群力研讨规划出学校综合实践活动课程与学校德育重点工作和特色建设的有机整合，落实主题活动的常态化和实效性，凸显"科技成就卓越、艺术启迪人生"的亮点和特色。

二是促进学生、教师、学校的综合发展。实践活动的综合性，表现在面向生活，不拘泥于教材，不局限于课堂。它不以传统的学科界限框住学生对学习内容的选择与重组，不以有限的结论锁定无限的对话进程，不以统一的评价标准衡量多样化的学习个体。

学生个性发展。学校落实三维目标，通过丰富多彩的主题实践活动，综合提升学生获取知识的能力，沟通与表达的能力，发现美、表达美的能力，深化培养学生的科技素养、艺术涵养。学生在老师的引导下，精心选择活动资源，通过综合性活动最大限度地整合并利用这些资源。学生通过实践活动开阔视野，学会学习、学会生存、学会发展、学会做人，增强全面发展的能力，有了信心和进一步探究钻研的欲望，这种力量能让他们终身受益。

教师专业发展。实践活动的综合性，强调教师参与，如言语示范、范本示例、观察指导、提供帮助等。教师的角色从主演者变成了主导者。教师必须改变以往陈旧的教学方式，更加注重个别化的学习。各类活动充分体现了教师的教育敏感与教育机智，充分调动了教师的教育教学热情，极大地开发了教师的智慧。任课教师全员参与校外活动站工作，努力探索、大胆实践，更新综合实践活动课程理念，提高教师专业辅导能力，形成一支有文化理论底蕴、有较高综合素质的师资队伍。在综合实践活动中，教师的指导作用是非常关键的，学校将爱科学、肯钻研、有辅导能力的老师组成了综合实践课程团队，注重实践与创新，将科学知识渗透在教学过程中，使学生获得科学知识，增强科学素养，掌握实践操作技能，发展创新思维。

学校特色发展。在综合性实践活动中，师生更需要合作意识，包括教师间的合作，师生间的合作，与家长合作、与社区合作、与专家合作等，这就打破了教育边界。学校以特色综合实践活动为突破口，扎实推进素质教育，全面提高师生的科学素养，开创实践、创新教育新局面，打造学校自己的特色品牌。比如，在葡萄树实践活动中，把农业科技也引进校园，让学生们明白实践活动不是低端的、原始的体力劳动。

三是综合汇总活动成果。在社会实践活动中，活动成果的综合性体现在考察探究、社会服务、设计制作、职业体验等方面，学校开发了专门的系统统计师生的实际获益。例如，在主题活动整体实施过程中，需要关注过程性评价及成果的总结、汇报及反馈。教师在兢兢业业工作的同时，还需要总结提升研究的策略和方法，学校及时进行阶段性的反思及成果汇报，确保主题活动有条不紊地做好、做出成果。

我们联合有关专业组织、教科研机构、基础教育课程中心等，开展学生综合实践活动课程展示交流活动，激发学生实践创新的潜能和动力，激励教师持续性从事综合实践活动课程研究和实践探索。

## 第三节 "葡萄树教育"实践成效

综合实践活动课程，在实践中探索，在研究中实践。一方面，需要通过汇总成果、盘点过程，努力提升教师的跨学科知识整合能力，观察、研究学生的能力，指导学生规划、设计与实施活动的能力，课程资源的开发和利用能力等。另一方面，坚持学生成长导向，通过对学生成长过程的观察、记录、分析，把握学生的成长规律，了解学生的个性与特长，不断激发学生的潜能，更好地促进学生成长。

学校自 2003 年开设综合实践活动课程以来，至今已经磨炼了十年的时间。在这十年里，课程资源的开发与利用一直是我们探讨的主题。本着立足学校实际，关注身边生活的基本理念，学校尝试并成功开发了许多优质的课程，尤其在推进课程改革、促进社团建设、提升科学素养、改变学习方式、形成学校特色等方面，取得了良好的活动效果。

## 一、推进课程改革

我们学校在通过国家课程、地方课程渗透知识的同时，努力研发以科技创新、实践活动为主的综合实践活动校本课程，把综合实践活动与课程建设有机整合，使两者相辅相成、互相促进。学校自编了《我的家乡》《我的学校》《我的学具》《我的游戏》《我的家庭》五个板块三套校本教材，极大地丰富了综合实践活动的内容。

活动一：学生观看新闻得知"湖南洞庭湖畔发生大规模鼠灾"，联想到家乡防治老鼠的情况，于是开展了"农村地区药物防治老鼠的调查与研究"活动，学生们通过实地调查、对比实验、志愿讲解等方法，提高农民"科学用药防治老鼠"的意识，同时指导农民正确投放鼠药，受到了村委会领导们的赞誉。

活动二：学生发现学校后山树林的候鸟越来越少，以"农村地区候鸟减少的原因——爱鸟行动"为主题开展研究性学习，激发了实践活动的热情。

活动三：好动是孩子的天性，但小学生对事件后果的预料能力差，往往是做完了之后才意识到错了。这些错事，有的可以作为经验教训，不会造成多大的伤害。然而还有一些，是孩子们一辈子都无法挽回的。因此，全校师生以"在校学生自我保护的研究"为主题开展了实践活动，引起了家长和学生们广泛的关注与参与。

总之，丰富多彩的综合实践活动，使学生们在发现问题、自主探究、实践体验中获得了知识，愉悦了身心，增强了意志；学生们撰写的实践报告，多个项目荣获市、区级奖励，学校还因此被评为"北京市综合实践活动课程实施特色学校"。

## 二、促进社团建设

学校鼓励学生从自身成长需要出发，参加各种社团活动，主动参与并亲身经历实践过程，体验并践行价值信念，提升综合能力。

我们按照"深综改"要求，遵循"课内打基础、课外求发展"的思想，让学生乐学、会学、善学。社团在内容设置上，分思维类、艺术类、体育类、科技类、文学类五个板块，活动面向全体学生，旨在培养学生的学习兴趣、创新精神和实践能力，从而提升学生的综合素养。

每周五下午为社团活动时间，学生通过以综合实践活动内容为主的社团活动，提高了创新意识和实践能力。较为突出的是张树军老师辅导的灵巧手社团，学生使用小机床、拼接的操作技能明显提高，老师结合农村地区常见的农具、家具、生活用具等，在校本课上带领学生研讨石磨、碾子、背架、水车、小茶壶等的制作方法与科学原理，学生成功制作的这些作品，连续 5 年荣获北京市"我有一双灵巧手"竞赛一等奖。

### 三、提升科学素养

田慧生教授主编的《综合实践活动课程"实施中的问题与策略"》丛书中写道："科技活动是综合实践活动的非指定领域，但可以和综合实践活动结合起来开展活动。"这不禁启发思考：综合实践活动怎样与科技活动相结合，提升学生的科学素养呢？

首先，学校教师积极引导学生关注身边小事开展科技实践活动，例如，"学校周围农村居民环境意识及环境行为习惯的调查""关于农村家庭备用药品过期与健康用药的调查""用我们的双手美化校园""关于农贸市场里废弃物的调查""学校门口小吃店的危害情况调查""小学周边农民参与迷信活动情况的调查""路边集雨池使用情况调查""对农贸市场塑料袋使用情况的调查""钓鱼对密云水库环境的影响"等。教师们将这些调查报告和研究方案等材料及时报送北京市金鹏科技论坛、北京市中小学生科技创新大赛组委会，通过竞赛，提高学生们的活动兴趣、观察能力、研究与解决问题的能力、竞技能力，培养学生严谨的学习态度和综合素养。近几年，我校有 8 个项目分别获得北京市科技创新大赛和北京市金鹏科技论坛二等奖，19 个项目获得三等奖，教师撰写的论文刊登在《北京市金鹏科技教师论坛优秀论文集》中。

其次，团结协作精神在综合实践活动中有着非常重要的作用。事实证明，很多科学实验、科技发明，特别是高科技领域的创造发明，光靠一个人的努力是很难完成的。学校开展的"聚焦校园之发明"活动，展现了学校师生集体的智慧。

我们老师指导学生完成的小发明"不让害虫上树"和"脚踏式墩布拧干器"均获得北京市发明类一等奖，"自动温度计""自来水防冻开关""高枝摘果器""翻饼铲""集雨袋""红果去核器""活页纸打孔器"等十几项发明获得北京市二等奖，"简易脚踏式压液器"等二十多件发明作品获得市级三等奖，部分学生的小发明论文刊登期刊杂志中。目前，我校正在着手整理汇编校本教材之"小发明"篇。由此可见，开展科技教育，是促进综合实践活动发展的有效途径。

学校曾成功举办密云区第二十八届科技节开幕式，开幕式的 T 台秀、校园情景剧"我家的节水故事"、学生与老师的发明作品展示、金鹏科技论坛获奖作品展示等活动，得到了与会领导和老师们的一致好评。一年一度的"科技节"活动，展示了学生在科技活动中所学的知识与技能，培养了学生学有所为、学有所用的科学素养。

## 四、改变学习方式

走出校门开展社会实践活动，是一种崭新的研究性学习方式。社会大课堂实践基地正好满足了学生求知、实践、体验与感悟的需求。

"首云铁矿"有着深厚的历史文化背景和矿山文化色彩，既能让学生增长知识、开阔视野，领略到"首云人"的人格魅力，又能让学生在活动中感受到"首云矿山文化"的魅力所在。在课程资源开发中，我们将综合实践活动内容以基地探究学习形式开展，引导学生了解家乡"首云铁矿"的发展史和为社会所做的贡献，激发学生热爱家乡、立志建设家乡的思想和情感。老师带领学生探究辨别铁矿石的方法，了解铁矿石的种类及品味，运用简单鉴定铁矿石的技能开展模拟探矿活动，搜集铁矿石并邀请专家参与铁矿石鉴别……激发了学生鉴别铁矿石的兴趣，提高了学生的鉴别能力。

几年来，学校围绕"首云铁矿"主题开展了丰富多彩的综合实践活动，2009年编写了校本教材——《走进家乡的首云铁矿》。我们结合蔡家洼村主街建设，新村居民区，工业、农业观光走廊等景观节点，开展"美丽的家乡展新颜"综合实践活动，此活动荣获北京市金鹏科技论坛二等奖，我校被评为"北京市社会大课堂建设（校外教育）先进集体"。

## 五、形成学校特色

我校在传承小调查、小发明、小制作等综合实践活动成果的同时，结合镇域文化，开展"探究葡萄科技、创建葡萄乐园、塑造葡萄精神"特色综合实践活动。基本思路是：了解葡萄品种；开辟葡萄园实践基地；研究葡萄栽培技术；举办葡萄采摘节；了解葡萄酒酿酒工艺；做小小酿酒师，尝试酿酒；调查研究葡萄的营养价值与保健功效……

　　学校将综合实践活动与科技教育整合，制定学校特色教育三年规划，发挥北京市综合实践活动特色学校和北京市科技教育示范学校的作用，提升农村小学综合实践活动工作水平，让特色综合实践活动之花绽放在巨各庄镇中心小学。

　　总之，综合实践活动强调整合、注重实践、关注过程、突出开放性，同时又强调让学生自主学习和亲身经历，在参与活动过程中有所感悟。实践活动抛给孩子一个广阔的舞台，促进他们形成积极的学习态度和良好的学习策略，培养他们的创新精神和实践能力。学生通过亲身参与活动，逐步形成了善于质疑、乐于探究、勤于动手、努力求知的积极态度，激发了探索、创新的欲望，为未来成为社会主义建设者夯实了基础。

# 第五章

# "葡萄树教育" 教师发展

百年大计，教育为本；教育大计，教师为本。国家兴衰在于教育，教育好坏在于教师。教师是教育事业的核心要素，是建设人力资源强国的战略资源。教师的素养直接决定着教育的质量。全面提高教育质量，核心是提高教师的素养。

## 第一节　教师专业发展背景

教育的生命力在于教师的专业发展和成长。促进教师专业发展和成长，提高教师队伍整体素养是推进素质教育、提升教育教学质量的关键所在。

早在 20 世纪中期，教师专业发展就已进入人们的视野。1955年，世界教师专业组织会议率先研讨了教师专业问题。1966 年，国际劳工组织和联合国教科文组织提出《关于教师地位的建议》，首次以官方文件形式对教师专业化做出说明，提出"应把教师工作视为专门的职业，这种职业要求教师经过严格的、持续的学习，获得并保持专门的知识和特别的技术"。30 年后，这一原则在同名文件中再一次得到重申。

1989—1992 年，经济合作与发展组织（OECD）相继发表了一系列有关教师及教师专业化改革的报告，如《教师培训》《学校质量》《今日之教师》《教师质量》等。

1996 年，联合国教科文组织召开第 45 届国际教育大会，提出"在提高教师地位的整体政策中，专业化是最有前途的中长期策略"。

《中华人民共和国教师法》规定："教师是履行教育教学职责的专业人员"，第一次从法律角度确认了教师的专业地位。

当前学术界对教师是否是一个完全独立的专业还存在争议，但越来越多的人已经意识到教师这一职业正处于从非专业向专业化道路不断发展的过程中，教师专业化是现代教育改革与发展的必然要求。学校不仅是培养学生的场所，也是教师走向专业化的重要平台。

教师的专业发展，是一个教师作为专业人员，在职业道德、专业思想、专业知识、专业能力、专业品质等方面由不成熟到成熟的发展过程，即由一名新手发展成为专家型教师或教育家的发展过程。教师专业发展是教师成长的必经之路，这个过程是动态的、持续的、终身的。

20 世纪 80 年代以来，"教师即研究者"逐渐成为各国教育界的共识。教师开展研究既体现了社会发展、教育变革对教师素质的基本要求，也体现了教师自身专业发展的内在需求。教师开展研究，是教师专业发展的重要途径之一。教师只有成为研究者，积极开展教育教学研究，才能提升专业水平，提高教育教学质量。

著名儿童心理学家皮亚杰极力倡导教师参与教育科学研究。他认为中小学教师正是由于脱离了科学研究才使他们失去了应有的学术声誉和专业地位，不能像医生、律师、科学家和大学教师等职业一样享有受人尊敬的专业地位。他主张通过参加教育科学研究使中小学教师获得应有的尊严，使教育学成为"既是科学的又是生动的学问"。

优秀教师乃是一所学校的灵魂所在。没有高素质的教师队伍，就没有高质量的教育。中国人民大学附属中学原校长刘彭芝指出："如果说学生成才是教育工作的着眼点，那么，教师就是教育工作的着力点。"

近年来，我校在活力、美丽、丰饶的"葡萄树教育"理念引领下，通过大力开展校本研修，推动班主任队伍建设，进行教师心理健康培训，促进教师发展进入换档升级、提质增效的新阶段。

## 第二节 教师校本研修途径

2018年1月，中共中央、国务院颁布了《关于全面深化新时代教师队伍建设改革的意见》；同年9月，教育部印发了《关于实施卓越教师培养计划2.0的意见》，通过全面开展师德养成教育、分类推进培养模式改革、深化信息技术助推教育教学改革等8方面举措，升级实施卓越教师培养计划。

著名教育家苏霍姆林斯基认为，作为校长，必须把教师引领到教育研究的道路上来。教师的发展和成长离不开研究和进修，这也是教师获得职业幸福的重要途径。

我们在教师队伍专业发展中，注重校本研修，以此作为提升教师队伍能力的一项长效机制，为教师专业化成长搭设阶梯。校本研修是教师研修的主要方式，是教师结合本校实际对自己的教育实践进行反思，发现问题并解决问题的过程。其目标是通过开展深入有效的教研活动，促进教师专业发展，提高教育教学水平。校本研修是教师专业发展的重要途径，特别是新课改以来，学校对校本研修重要性的认识在逐渐加深。

新时代呼唤科研型教师，呼唤从自己学校和班级的实际情况出发，走上"从事研究这条幸福的道路上来"的教师。

作为一所农村寄宿制小学，近年来，我校秉承活力、美丽、丰饶的"葡萄树教育"办学理念，通过内容丰富、形式灵活的校本研修活动，建设了一支师德高尚、业务精湛、充满活力的教师队伍。

依据《密云区教育委员会"十三五"时期教师工作实施意见》及《"十三五"时期教师校本研修工作指导意见》精神，我校制定了"十三五"期间校本研修规划。

## 一、校本研修的现状与目标

我校以党的十九大精神和习近平总书记系列重要讲话精神为指导，坚持"遵规守纪、专业引领、实践取向、面向全体、开放多元"

的原则，遵循干部教师成长规律，以提高培训质量为主线，坚持落实教师学习，强化教师专业发展，提高教育教学质量，促进骨干教师、新教师迅速成长，有效开展"十三五"校本研修工作。

我校师资队伍现状总体令人满意，年龄结构趋于合理，学历达标比例较高，教师的教学能力和水平稳步提高，思想政治水平和师德修养也不断提高，骨干教师数量、层次、质量逐年提高，总体是一支有素质、有发展、能战斗的队伍。但也存在着一定的问题，一是教育教学观念滞后，教育科研的意识不强，自我发展的要求不高，这些势必影响教师自身的行为。二是业务能力和教学水平还有待提高。

有鉴于此，我校将校本研修的总体目标确定如下。

以"建设葡萄树教育品牌校"为办学目标，努力构建完备的教师校本研修体系和管理机制，以师德建设为首位，以教育理念更新和业务水平提高为重点，优化教师知能结构，最大限度地满足不同类型和不同层次教育人才的专业发展需求，着重提高教师的课程实施能力，努力增进教师的职业认同，有力提升学校的办学思想、教师的教育境界；以教学、研究、培训一休化为主要模式，深化以校为本的教师专业发展机制，完善我校教师专业发展支持系统，形成全方位、多层次、高质量的教师继续教育体系；提高学校教师队伍整体素养，将教师个人发展需求与学校发展有机结合，以此促进学生的可持续发展。

具体目标为：

（1）通过"十三五"校本研修使教师进一步树立终身学习理念，成为终身学习的典范；让教师群体成为学习型组织的典范；让教师终身学习体系成为全民终身学习体系和学习型社会的典范。

（2）参加校本研修的全体教师，要在2020年底前，按时保质完成学校规定的校本研修任务，教师实施素质教育的能力要有明显提高。

（3）根据教师需求和学校发展目标设计、开展有针对性的校本研修活动，促进专任教师教学风格和教育思想的形成，促进全体教师的专业发展和师德水平的不断提高。

（4）实现我校教师队伍建设目标，全面提升教师素质和教育教学水平，使全体教师学历合格、思想过硬、师德高尚、素质全面、业务精良、面向未来。具体学历目标：100%专任教师具有大专学历，1970年以后出生的教师95%以上具有本科学历。业务目标：深化课堂教学改革，自觉开展教育科研，加强教学基本功训练，每人具备一项业务专长；不断提高骨干教师数量，提升层次、提高质量，带动教师队伍整体素养的提高。

## 二、校本研修的措施和保障

为保证校本研修的顺利开展，我校在组织机构和制度管理等方面采取了一系列强有力的措施，为校本研修保驾护航。

（一）组织领导机构与责任分工

1. 组织机构

组　长：孙翠明

副组长：李庆丰

具体工作人员：赵瑞平　许　艳　李桂侠　马莉莉　王海亮

　　　　　　　齐冬梅　曹艳华　李亚静　刘晓敏

　　　　　　　魏　芳　刘小红

主要职责：了解学校教师教育教学水平实际现状，明确学校教师队伍建设发展目标，制定继续教育规划，制定校本研修计划、年度计划，落实继续教育培训具体活动，评估教师参加校本研修的实际效果。

2. 责任分工

组长是校本培训第一负责人。

副组长负责宏观调控和指导方案的落实情况，定期组织领导小组成员汇总情况，研究改进措施。

具体工作人员是继续教育的具体负责人，负责继续教育全过程的日常具体工作和资料整理。

各部门校本培训的具体负责人，负责方案的制定和修改工作并组织和协调培训方案的落实；组织考核工作，并做好培训记录，登记学分，整理存收资料。

（二）健全管理制度

（1）校本研修过程，由各部门负责人负责学习教师的考勤工作，任课教师或教研组长负责学习教师的量与质的定性管理，形成过程与终结性评价相结合的评价体系，通过强化与扎实的过程学习，落实教师学习任务。

（2）设立激励与表彰制度，每学年表彰完成学时较多的教师。

（3）学校对校本研修工作提供必要的时间保障、经费保障。

（4）制定"十三五"期间教师校本研修年度计划，进一步完善学习管理制度、考勤制度、量化评比制度，做到有计划、有制度、有检查、有总结，在抓落实上下功夫、见成效。

（三）创新研修方式

1. 搭交流平台

采取课堂观摩研讨的形式，开展教师课堂教学交流活动。通过交流，教师们相互学习、相互借鉴、取长补短。采取请进来（以"老校长下乡"项目专家、研修学院专家为主）、走出去（依据情况待定）的方式，为教师提供外出学习交流的机会，开阔视野，增长见识。

2. 设展示舞台

通过开展骨干教师开放课堂活动、骨干教师带教展示课活动，展示骨干教师课堂教学风采，使骨干教师在全体教师中树立威信，成为全体教师学习的榜样，带动全体教师积极进取、务实求新。

3. 摆竞争擂台

组织学科教学评优、师徒同台展示评优、论文评选等活动，为教师的发展创造条件。

4. 上研修讲台

结合学习型学校建设，为大家提供研修学习的讲台，人人上台讲，个个做研究。推荐优秀教师走出校门，走出密云，参与多层次的研修活动，以提升其内涵。

（四）优化过程管理

（1）继续加强以班主任岗位培训为核心内容的培训工作，为基础教育的新课程改革提供必要的保障。

（2）加大骨干教师的工作力度，规范骨干教师的管理，进一步落实《巨各庄镇中心小学学科带头人、骨干教师管理办法》。

（3）动员和鼓励 1970 年以后出生的教师参加学历水平提升进修。

（4）积极引导教师对教育教学工作进行研究，每学期对各科教研组进行活动记录与材料的检查、评估、指导。

（5）建立学校校本研修档案。

这些措施的建立和实施，使得我校的校本研修得以顺利进行，为教师的发展和成长提供了保障。

## 第三节　教师培训主要内容

### 一、师德培训

著名教育学者、中国教育学会副会长朱永新说，一个人的精神发育程度取决于其阅读史。有人批评当前教育的最大问题是一群不读书的老师领着一群孩子读书。

我们要求教师阅读现代教学理论思想、职业道德修养、教育心理学方面的书籍与理论，了解与掌握现代教学理论和相应的教育教学法规，以及"科学发展观"重要思想。

我们通过师德培训活动加强教师职业理想、职业道德和法制教育，增强广大教师教书育人的责任感和使命感，提高依法执教的能力和水平。开展多种形式的师德教育，使我校教师爱岗敬业，做到以生为本、关爱学生、尊重学生、平等公正地对待学生；关注学生全面发展和健康成长；为人师表，做学生健康成长的指导者和引路人。

引导教师树立先进的教育思想和教育理念，树立正确的教育观、人才观、质量观和学生观。把育人作为教育工作的根本，面向全体学生，鼓励学生全面发展、主动发展、个性发展。尊重教育教学规律和学生身心发展规律，为每个学生提供适合的教育。

开展"德高身正"校本研修，培养师德高尚的活力教师。党的十九大报告强调，"加强师德师风建设，培养高素质教师队伍，倡导全社会尊师重教"。我们结合《密云区中小学师德建设五年行动计划（2016—2020 年）》，开展了以"德高身正"为主题的校本研修活动。

我们邀请专家、师德榜样到校为全体教师做专题讲座，引领教师争做四个引路人；通过巾帼育人模范、优秀教师、先进教职工、师德先进个人评选等活动，加强师德教育，提高老师们的职业道德修养，强化立德树人的思想意识；通过开展"优秀教师事迹报告会""树形象、展师表、强师能、扬风采、做名师""我的师爱故事"

"培育核心价值观 弘扬师德正能量"等征文演讲活动，宣传教师的无私奉献精神。

师德专题研修活动的开展，让教师在思想上、品质上、行为上达到更高的境界，逐渐成长为师德高尚的活力教师。

## 二、教师心理健康培训

教师心理健康问题亟待重视。近年来，中小学生心理健康问题日益为社会所关注，然而对孩子们的心理健康有重要影响的"他人"——教师的心理问题却没有得到足够重视。专家指出，过高的社会期望、单一的职业评价标准、学生分数与升学指标，正使中小学教师们面临着巨大的心理压力。

### （一）心理健康培训的意义

健康的心理是教师教育教学工作的基本保障。调查显示，教师群体的心理疾病相当严重。随着社会的发展和改革的进一步深化，教师的心理健康问题日益突出，已成为学校管理中不容忽视的问题。

国家中小学心理健康教育课题组对国内中小学教师心理所做的调查显示：在被调查的 168 所学校的 2292 名老师中，高达 51.23% 的教师存在心理问题。北京市曾对 500 余名中小学教师进行调查，结果表明，近60%的教师觉得在工作中烦恼多于欢乐，70%的教师有时忍不住要生气发火，教师中存在着烦躁、忧郁、易发火等不良情绪。

长久以来，教师在人们心目中的地位是崇高的，很少有人对教师的人格与身心健康存有疑问。但是，随着近年来我国教育体制的全面改革，职称评定、教师聘任、学生分数、升学率等，都给教师带来了前所未有的压力。而且，教师职业本身的特点也给了教师重压，教师的劳动具有复杂性、长期性、艰巨性的特点，如备课、教学、批改作业和管理学生外，升学的压力、学校的评价、家长工作等都会给教师带来负担。与此同时，社会对教师工作理解程度并不高，这也让教师心理压力逐渐增大。在这种状况下，教师往往因压力过度而造成烦躁、忧郁等不良情绪，而如果教师的压力长期得不到减轻，不良情绪就会影响心理健康，甚至造成一定的心理问题。

心理研究表明，教师的心理健康水平与学生的心理健康水平成正比。而且，学生年龄越小，受到教师的影响越深。它有时不表现出来，却烙印在一个人的潜意识里支配人的一生。幼儿园和小学的孩子经常会沉浸在对教师的崇拜甚至迷恋里，模仿教师的一言一行。教师的一句话、一个动作都会给未成年的孩子带来很大的心理影响，如果教师不注意自身行为，或者心理不健康，那么对孩子的负面影响是惊人的，甚至可以延续其一生。

要让学生具有良好的心理素质，首先教师要有良好的心理素质；要提高学生的心理健康水平，首先教师要有较高的心理健康水平。因此，教师的心理健康至关重要。

首先，教师心理健康关系到自身身体健康、生活幸福。心理健康的教师，同时也是一个心理健康的社会人，一个心理健康的家庭成员，具有良好的人际关系以及处理人际关系的能力，调节心理的能力，能合理安排工作与家庭的关系。安排好自己的生活，经营好自己的家庭，才能为全身心的工作提供保证。

其次，教师心理健康关系到一个学校的工作环境。心理健康的教师能恰当地处理人际关系，不嫉妒、不诽谤、不拆台，教师之间互相关心、互相帮助、团结协作、和谐共处，有利于提高效率，营造良好的工作环境。

再次，老师心理健康关系到一个班级的班风。心理健康的教师可以影响学生形成积极向上的学习习惯，可以帮助学生疏导心理，可以为学生提供正面的、健康的指导，使学生健康、积极、快乐地成长。

最后，教师的心理健康还关系到每一个学生的心理健康。教师积极向上的生活态度会潜移默化地影响学生，成为学生有意无意间学习和模仿的榜样。

教师心理健康是学生心理健康的保证，是教师完成工作职责的前提条件，教师职业的特殊性决定了教师必须具备比常人更好的心理素质。教师保持健康的心理不仅有利于教师自身的生理健康，有利于提高工作效率，而且有利于促进学生的心理健康发展。

我校以"建设葡萄树教育品牌校"为办学目标，把活力、美丽、丰饶作为核心价值观；把"培养美丽灵动的阳光少年"作为育人目标，以教育理念更新和业务水平提高为重点，在校本研修中开展教师心理健康系列培训，培养阳光教师。

我校教师由于年龄偏大，生活、工作、家庭等多重负担，身心面临极大困扰，同时容易造成教师职业倦怠，阻碍教师素质的提升。

2013 年 9 月，我校依据学校教师工作压力大、出现职业倦怠的现实情况，开展了自上而下的调查、研讨。

为了减轻教师工作、生活等方面的压力，解决教师职业倦怠问题，提升教师爱岗敬业、快乐生活的理念和素养，我校对全体教师开展了教师心理健康系列培训活动。

（二）心理健康培训的目标

（1）通过培训，理解阳光心态的基本意义，能够以积极的心态对待生活和工作中的事物。

（2）学会处理（前后勤、干群、组内、师生）人际关系的方法与技巧，互助合作、悦纳他人，构建温馨和谐的育人氛围。

（3）通过培训，帮助教师学会合理调控和转变消极情绪，逐步提高教师自身的心理健康水平，进而潜移默化地影响学生快乐学习、幸福生活。

（三）心理健康培训的措施

为提升教师心理健康水平，我校开展了一系列培训及活动，如图 5-1 所示。

1. 敞开心扉　我的困惑（座谈）

开学初，学校开展了"敞开心扉，谈谈我的困惑"座谈会。发现了教师心理方面存在诸多问题：培训教师年龄偏大，踏实肯干，但缺少对待工作的活力与激情；有些教师认为教育工作只是工作而已，没有快乐工作的心态；有一部分教师在与学生、家长、同事及

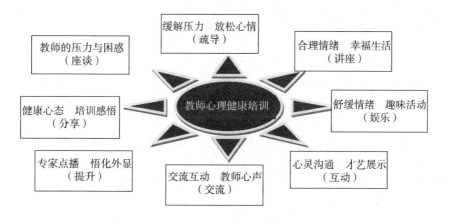

**图 5 - 1 教师心理健康培训**

领导之间的关系处理中会感觉压抑和不愉快；多数教师在自身能力提升和专业进修等方面没有兴趣，不积极主动，只安于现状；部分教师受家庭琐事和自己孩子教育问题所困，不能全身心投入本职工作中，没有乐观积极的心态；等等。

2. 缓解压力 放松心情（疏导）

第一项活动：当学校了解到教师普遍存在诸多心理压力，急需调控与舒缓时，及时组织教师去顺义国际鲜花港放松心情，减轻压力。

第二项活动：我的人生格言与座右铭分享活动。每个人都有自己生活与工作的信念，教师们将自己的人生格言与座右铭与同事们交流与分享，时刻激励自己朝着这个人生目标不断进取和前行。

3. 舒缓情绪 趣味活动（娱乐）

在前期的培训过程中，我们发现在趣味娱乐活动中，人的紧张情绪能得到有效舒缓。于是我校开展了拔河、踢毽子、集体跳绳等活动，进一步舒缓教师情绪，调节教师心理。

4. 合理情绪　幸福生活（讲座）

我校请来了教研中心武金红老师，对我校教师开展"合理情绪、幸福生活"的心理健康培训。武老师通过现场调查、个案分析、心理疏导等方法，逐步舒缓教师压力，达到运用合理情绪，把幸福生活理念和方法融入教师工作中来的培训目的，进一步提升了教师心理健康水平。

5. 心灵沟通　才艺展示（互动）

借着新年到来的喜庆，我校组织教师进行才艺展示，全体教师自编、自导、自演各种节目，如诗歌、朗诵、合唱、独唱、舞蹈、小话剧、小魔术等节目得到了全体教师们的赞誉。教师们展示了才华，提升了自信，放松了心情，愉悦了情绪，在互动中加深了了解，在交流中增进了情感。

6. 交流互动　教师心声（交流）

工作的被认可和自我价值的实现能够有效转化人的情绪。以"我是孝顺的、优秀的、合格的儿媳、儿子、母亲等"为主题进行分享交流，教师们在讲述婆媳之间的真情故事时，讲述为家庭无私付出时，讲述父子、母女斗智斗勇最终亲密无间时，所有的教师都被感动，一切的委屈、劳累都化成了动力，化成了激情。

紧接着我们又组织了"我的教育梦——我是优秀的班主任、科任教师、后勤教师、幼儿教师等"演讲活动。教师们一改以往的冷漠，踊跃参加，大家积极展现自我，分享教育的成功。活动带来了可喜的效果——教师家庭的压力化解了，工作的激情又回来了。

7. 专家点播 悟化外显（提升）

我校请来专家学者为教师做不同主题的"专家点播、悟化外显"教师心理健康培训。如北京教育学院林雅芳博士做了"柳暗花明——从压力应对到幸福获取"培训，北京体育职业学院副教授陈天舒做了"整理心情 远离心灵雾霾"培训。从理论层面梳理了教师工作的压力、心态的倦怠，教师对"阳光心态、幸福人生、快乐工作"有了深层的感悟。

趁此热度，我们开展了"我的校园记忆"征文活动，教师们通过回忆的方式，叙述曾经发生在校园里的真实的师生、生生之间温馨感人的故事，体会到了教师的伟大、学生的可爱、职业的可敬。

8. 健康心态 培训感悟（分享）

了解心态、分析心态、调理心态、放松心态、梳理心态，最终要让教师达到开放健康的心态。开展教师"踏青观景，健康心态"活动，组织教师去张裕爱斐堡及蔡家洼玫瑰情园踏青。在和大自然的亲近中，教师们反思心理培训过程，感受"凝心聚力，团结协作"的工作理念。在校长的提议下，大家纷纷对学校工作建言献策，一百余条的建议，饱含了教师的真情。教师们敞开心扉，把学校融入心中，教师们心中有了阳光、有了幸福。

9. 回顾培训 感悟提升（总结）

我校开展了教师心理健康培训总结表彰会，汇总编辑了《凝心聚力，培养团队精神》教师拓展训练体会丛书；编辑出版了《教师优秀教学设计和反思集》和《教师优秀论文集》。我们分批、分部门表彰了在校本培训过程中积极参与、成绩优秀、乐于奉献的教师代表，通过优秀教师典型发言，进一步将活动落到实处。

教师们在"音乐减压之旅""教师压力调试和幸福感提升"等专题讲座中，学会认识自我、调试压力；参加健步走活动，在运动中舒缓情绪；通过才艺展示活动，获得认同感；通过新年畅想活动，交流互动、表达心声。

总之，通过开展系列心理培训活动，教师们了解了心理健康的意义，懂得了如何调控自身情绪，掌握了缓解压力的简单策略与方法，增强了团队精神。教师们学会从工作生活中寻找乐趣，增进了积极向上的阳光心态。教师们让好心情、好心态相互影响、相互感染，在逐层、递进式的培训过程中达到了快乐生活、快乐工作的目的，教师们变得更自信、更阳光、更幸福。同时，用阳光心态感染学生，使学生充满活力，向上进取，从而进一步促进学校整体工作的有效开展。

近年来，一系列扎实有效的校本研修，极大地促进了我校教师的发展和成长。

## 三、落实责任，提升学科教师教学能力

科任教师是学校课堂教学工作的承担者，是科学文化知识的主要传播者，对学校办学质量的提升具有决定性意义。

培训目的：提高科任教师的教学能力，增强教师的职业素养、服务意识，提升教师的凝聚力和向心力。

具体措施如下。

1. 将科任教师校本培训工作列为重点工作之一

结合学科及"体育、艺术、综合"三大领域，提高课堂教学实效性，提升教师职业素养。开展"上研修课、练素质""撰写反思、提质量""才艺展示、扬风采"等活动，达到科任教师内练素质、外塑形象的目标。结合目标我们确定了落实责任、提升职业素养交流会，学科才艺展示、展演、专家引领提升教师职业素养培训、观摩学习等提升教师职业素养系列培训活动。

学校还组织科任教师开展了论文、反思评比。组织科任教师参与才艺展示活动，全体科任教师自编、自导、自演"感恩"节目，得到了全体教师们的赞誉。同时，班主任、幼儿教师也参与到教师才艺展示活动中来，这样放松、愉悦的才艺展示活动得到了培训教师们的一致好评。

在减负提质的大环境下，就如何提高科任教师的教学能力和业务素养，增强学校教师的凝聚力，学校开学初召开了科任教师座谈会。会上老师对学校的教育教学工作、学校的管理工作、学校的发展、教师自身的成长、教师工作中的苦恼和快乐等内容进行交流、研讨，大家一致认为阳光心态、踏实工作是落实责任和提升教师教学能力的基石。

2. "三项育人"校本研修活动

近年来，我校在活力、美丽、丰饶的"葡萄树文化"引领下，一直致力于通过多种方式培养美丽灵动的阳光少年。如何寻找一条有效途径让教师更加深刻体会人人都是德育者、让学生能够更加健康快乐地成长，是我们一直思索的课题。

2017 年以来，我们在刘永胜校长的指导下，结合学校实际，把学校教师能力提升项目培训和党的十九大提出的立德树人根本任务结合起来，力争通过课堂育人的渠道，促进教师行为习惯的改变，提出了"三项育人行动"。

"三项育人"包括教师自录自评、作业评价、课堂激励性评价。在"自录自评"研修活动中要求教师通过自录常态课、课后回看的方式，对自身的综合表现进行评判，发扬优点，找出不足和改进方法；课堂激励性评价，教师对学生进行有目的、有选择、有方向、有尺度的激励和肯定，使学生产生积极向上的心理倾向；在作业评价中，教师们对学生作业进恰当的、有针对性和激励性的点评，以提升学生的学习积极性，培养他们良好的学习习惯，使其形成良好的学习品质。

教师们每人、每周、每月任务明确，定期开展交流活动，发现问题及时商讨解决，调整活动开展内容。在活动的开展中，老师们记录点滴、深入思考、转变观念、不断进步，为培养全面发展的社会主义建设者和接班人做出了自己的贡献。

我们的"三项育人"取得了显著的效果，教师综合素质较以前有了很大提高，对课堂的把握更加得心应手，对课改的理解更加深入，直接惠及了我们学生的全面发展。但是在运作的过程中还存在着一些问题，我们认识到："三项育人"工程开展到什么程度进行项目更换更恰当？评价标准怎样制定更科学？"三项育人"项目如何和课程改革进一步紧密结合？"三项育人"项目如何赋予时代的意义？这些都是我们今后需要探索的重要课题。

3. 发挥骨干教师作用

对骨干教师委以重任，增强他们的责任意识。为了使学校的各学科均衡发展，提升专任教师基本功，数学学科的市级骨干教师刘晓敏、市级语文学科骨干教师魏芳两位教师，担任起了各自的学科组长，结合自身多年的工作经验，详细缕清学科知识点，并进一步进行系统化，做好学科辅导工作。综合实践区级学科带头人马莉莉，经过竞聘成为学校的教学副主任，在新的岗位上发挥更大的作用。音乐学科市级骨干教师王小兰，在担任音乐课的同时，负责学校以合唱为主的艺术教育工作，促进学校艺术教育的快速发展。

落实骨干教师带徒制度，让学科教学充满活力。本着相互学习、共同提高的目的，我校把骨干带徒落到实处，提高实效性。学校要求每位骨干老师认真撰写带徒计划，明确时间节点和预期目标，充分发挥自身优势，带好徒弟。学期末，学校组织师徒共同上课并评价骨干教师带徒工作。

通过骨干示范课活动，促使学科发展均衡化。我校根据学科发展的现状，在教研员引领、课题研究和教研组活动的基础上，重点发挥骨干教师作用，每学期的第一、二周，都让骨干教师上示范课，要求融入社会主义核心价值观和学校的文化理念，通过他们的示范与引领，带动学校各学科的均衡发展。总之，我们对骨干教师委以重任，通过示范引领作用，促进了教师发展整体工作的提升。

4. "请进来、走出去"，为教师搭建研修平台

请教研中心徐娜、宋怀海等学科专家来校上课，共同研讨学科教育教学工作。积极选派学科教师参加国家、市、区级培训活动，

开阔教师视野，提升教师专业素养。截至本书出版之际，学校共6人次参加国家级培训研讨会，31人次参加市级培训，96人次参加区级培训。

科任教师校本培训的开展，促进了我校科任教师的专业发展，提升了其职业素养和教学水平，为我校教学质量的提升奠定了坚实基础。

## 四、班主任队伍建设，夯实学校管理基础

在校本研修中，班主任队伍建设具有非同寻常的意义。

班主任被称为世界上最小的"官"，对中小学教育有着至关重要的作用。班主任是班集体的组织者、管理者、策划者。《中小学班主任工作规定》第二条规定：班主任是中小学日常思想道德教育和学生管理工作的主要实施者，是中小学生健康成长的引领者。因此，班主任工作的成效决定着班级的状况乃至整个学校的工作。

为加强班主任队伍的战斗力，提高班主任的工作水平，我校采取竞聘上岗、择优录取的原则，进行班主任选拔。我们根据教师的工作意向，由竞聘领导小组对竞聘班主任的教师进行全面考核，将那些能管理、会教学、经验丰富又有先进教育管理理念的优秀教学能手推上班主任工作岗位，让其尽展才能，管理好班级。这一举措有效地夯实了学校的管理基础，为促进班风、学风、校风向良好态势发展奠定了坚实的根基。

在班主任培训方面，我校主要做了以下工作。

（一）提升班主任工作能力

为提高班主任的工作能力，我们采用理论学习与管理实践相结合、走出去与请进来相结合、总结与研讨相结合的方法，对全校班主任进行了培训。

首先，加强师德教育。为提高班主任的职业道德水平和责任意识，每学期我校安排班主任认真学习《中华人民共和国教师法》《中小学教师职业道德规范》及《密云区中小学师德建设三年行动计划》等法律法规，使他们牢固树立"学生主体"理念，尊重教育和关怀教育，并通过征文、演讲、故事赛、专项评比等活动，强化其立德树人的思想。在此基础上，聘请有丰富管理经验和高尚师德的班主任传授经验。我校先后聘请了密云师德标兵太师屯中心小学的刁荣春老师做了"春天的故事"、全国优秀班主任茹娜老师做了"把班主任生活融入人生历程"的专题报告，提高了班主任的职业道德修养，为我校教师争做有理想信念、有道德情操、有扎实学识、有仁爱之心的"四有"教师奠定了基础。

其次，注重学习和总结。为提高班主任的工作能力，我校为班主任订阅了《班主任》杂志，配发了《北京市第二届中小学班主任基本功培训与展示活动》培训材料，要求班主任在认真学习理论知识、职责要求和班级管理经验的基础上，结合自己的工作实际对班主任工作进行总结、研讨。学期末，每位班主任都要认真总结自己的班级管理经验，并请获得优异成绩的班主任进行典型发言，从而达到取长补短、共同提高的目的。

再次，抓住评比、评优等活动进行培训提高。每学期我校都要开展班主任基本功竞赛、班主任教育方案评比等活动，包括紫禁杯优秀班主任评选、区级骨干班主任选拔、学生最喜欢的班主任评比、优秀班集体评比、十佳少先队辅导员评比等，要求班主任认真撰写总结材料，积极参与。老师们在参加评比和评选过程中，通过总结、学习，提高了管理能力和工作水平。

最后，聘请专家学者进行理论培训。我校聘请北京教育学院张红教授做了"外显有规　内涵有德"讲座，聘请《班主任》杂志社主编赵福江做了"成为优秀班主任的前提和基础"专题讲座。专家结合自己的教育经验，通过班级管理中的鲜活事例，阐述班级文化建设促进班级管理的方法、途径，赢得了老师们的广泛认同。专家引领，拓宽了教师班级文化建设的思路，增强了班主任责任心和使命感，在班级文化建设中少走了弯路，使班级文化建设再上新台阶，班主任的工作能力大大提升。

### （二）明确班主任职责

为规范班主任的工作行为，我校制定了一系列的班级管理职责和要求，从而使班主任工作有章可循、有法可依。

在班主任工作职责方面我校制定了《班主任岗位职责》《关于加强学生日常管理工作的意见》《班主任工作要求》《班级管理要求》等四个职责要求，在班级管理工作方面出台了《班队会制度》《升旗制度》《路队管理制度》《晨会的要求》《卫生纪律检查制度》等五个文件，在养成教育方面制定了《"三结合"教育制度》《落实双规及养成教育活动的要求》《学生学习常规要求》等规章制度。

在学习落实职责要求的基础上，我校还邀请北京教育学院谢志东教授做了"教师依法执教与学生安全保护"的专题讲座，使班主任既能有效管理，又能依法执教。

（三）量化班主任管理

班级管理是一个综合的管理过程，是班主任管理能力的具体体现。为了提高班主任的管理水平，我校除了在竞岗环节选拔优秀教师外，还对班主任的班级管理采用量化积分的办法进行评价。

教学方面：对教师的备课、上课、课后分析，学生的作业、写字，以及师生参加的知识竞赛等内容进行量化。

行为习惯方面：将升旗、中队会、晨会、环境卫生、个人卫生、课间操、跑步、学生的课间活动等内容进行量化。

班级文化方面：将板报、班训、班级目标、班内专栏等内容的设计、效果纳入量化积分范畴，进行管理。

评价方面：通过班队会评优、我最喜欢的老师评选、学生家长调查问卷等形式对班主任工作进行量化管理。

我校对班级管理情况每月进行一次评比，并在校园网和学校橱窗中进行公示，让每位教师和学生都知道自己班级在学校管理中所处的位置，以便及时制定下一步的工作目标，从而调动了师生的积极性，为提高教育教学质量奠定了基础。通过引入竞争机制，对班级进行量化管理，班主任明确了管理目标及努力方向，学校管理工作更加规范、透明。

（四）缓解班主任压力

随着教育改革的深入发展、科技的进步、独生子女的增加，班主任工作的压力也越来越大，教知识、教做人，防近视、防肥胖、防溺水、防触电、防磕碰等都成了班主任的管理范畴，班主任工作更加繁忙，工作压力也随之增加。

我校从多方入手缓解班主任的工作压力。一是为每位班主任配备一名科任教师作为班级助理，和班主任共同承担班级的管理和教育任务。

二是改善校园和办公环境，力争做到三季有花、四季常青，对办公室进行重新装修，安装空调，使班主任从走进校园开始就心情舒畅。

三是克服困难解决教师的早餐问题、教师午休的宿舍问题，不断提高食堂饭菜质量。

四是通过组织爬山、健步走、拓展训练等活动放松心情。

这一系列活动，减轻了班主任的工作压力，提高了他们的工作动力。

我校通过班主任队伍建设培训，促进了班主任工作能力的提升，为班级管理和教育教学工作的顺利开展创造了有利条件。

## 五、文化建设培训：教师发展之根

文化是一个民族的灵魂，是学校发展的源泉，也是教师发展之根。在校本教研中，我校高度重视学校文化和班级文化建设培训，让教师发展扎根于学校文化的深厚土壤之中。

（一）专题讲座

2014 年 8 月 14 日，北京师范大学余清臣教授为我校干部、教师开展"'文化'与'校园文化'"讲座，使我们初步理解了"学校文化建设"的内涵。

2014 年 12 月 28 日，中国教育学会中小学德育研究会副秘书长、《班主任》杂志主编赵福江老师，为我校教师阐述了班级文化建设促进班级管理的方法、途径，拓宽了教师班级文化建设的思路，增强了班主任责任心和使命感，让我们在班级文化建设中少走了弯路，使班级文化建设再上新台阶。

（二）干部例会

我校每周一开展干部例会，及时了解和洞察教师们的培训需求，策划设计、组织实施各项培训活动，根据反馈信息调整完善培训。

（三）合作研究

发挥年级、班级教师团队作用，推进学校文化建设和班级文化建设的学习、思考与实践，如开展"我理解的学校办学理念、育人目标和核心价值观"征文活动，"葡萄树"主题专栏、"美丽树"评比、"我是葡萄乐园小主人"谏言献策等活动。

（四）观摩学习

组织班主任、任课教师向班级文化建设先进校学习经验。例如，走进大兴七小、密云二小参加区域内班级文化建设培训等。

（五）专项评比

通过班级文化创建评比、主题班队会评比，促进教师将学习转化为实践。

（六）专题论坛

我们举行学校文化建设规划教师论坛活动，并且有幸请到了北京师范大学余清臣教授、《班主任》杂志社赵福江主编、《辅导员》杂志社聂延军主编、清华大学教育研究院石邦宏院长以及我区教师培训中心张树臣主任。教师们非常珍惜这次的机会，纷纷发言，班主任、任课教师围绕文化理念引领自身岗位的实践进行了深入思考，并相互交流经验、交换心得，再通过资深专家现场指导、引领，提升了理念认识，拓宽了班级文化创建的方法和途径，开阔了工作思路。

培训过程中，我校利用调查问卷及访谈等形式，及时了解教师们的培训需求和反馈信息。统计中我们发现，98%的教师喜欢这次主题培训活动，100%的老师喜欢用文化建设引领自己的岗位工作。

在文化建设培训过程中，教师们积极创建班级文化，尝试设计"葡萄树教育"理念下的班级主题活动。他们从制定班规、班训着手创建班级制度文化，设计班级展示栏，认养班级葡萄及绿植，创建班级物质文化。将活力、美丽、丰饶渗透在教育教学工作和班级管理中，使学生"内化于心，外化于行"，争做美丽、灵动的阳光少年。

此外，校本研修培训的内容还有班主任培训、教师心理健康培训，鉴于其重要性，本书将在后面章节单独论述。

## 六、校本研修的成果

校本研修的开展不仅促进了我校教师的变化和成长，而且它本身也已变成一个集教育研究、教学改进和教师专业发展于一体的活动。校本研修促进了教师专业水平的提高，更好地实现了教师的自我价值，增强了教师对自身专业的自信心和职业幸福感。

《关于全面深化新时代教师队伍建设改革的意见》指出：到2035年，教师综合素质、专业化水平和创新能力大幅提升，培养造就数以百万计的骨干教师、数以十万计的卓越教师、数以万计的教育家型教师。为了教育的发展，为了学生的成长，也为学校能涌现出更多骨干教师、卓越教师，乃至教育家型教师，我们会在校本研修的路上继续前行！

第六章

# "葡萄树教育"评价体系

教育评价是教育教学工作的指挥棒。习近平总书记在 2018 年全国教育大会上指出："要深化教育体制改革，健全立德树人落实机制，扭转不科学的教育评价导向，坚决克服唯分数、唯升学、唯文凭、唯论文、唯帽子的顽瘴痼疾，从根本上解决教育评价指挥棒问题。"这点出了当前教育弊端的根源，并指明了解决困境的方向。全社会都要转变观念，树立正确的教育观、人才观、学生观、质量观，改革考试评价制度，使评价制度促进学生的全面发展。落实立德树人根本任务，培养社会主义建设者和接班人，必须有科学的教育评价体系。

教育评价是按照一定的教育目标，运用可行的科学方法，对教育活动、教育过程和教育结果进行价值判断，是指引和改善教育教学工作的衡量标准。在建设"葡萄树教育"品牌校的目标引领下，我校尝试以新课程为导向，以学生发展为宗旨，以培养师生创新精神为核心，凸显评价的诊断、反馈、激励、管理、促进等多方面的意义和价值，构建科学的教育评价体系，从而促进学生发展、教师提高，改进教学实践。

# 第一节 教师评价

教师是教育事业的基点、核心和关键，作为教育事业体系中每天与学生直接接触的主体，教师是所有教书育人活动的担纲者。按照教师法和国家课程方案的要求，一个合格的教师必须担负教书育人的使命，不但要做好教育教学工作，还要做好关注学生全面发展的育人工作；要既能按照国家课程的要求开展工作，又能因地制宜开发校本课程；既能通过不断总结教育教学经验进行教研，也能融入教师团队，与同伴交流与分享经验，实现共同发展；既能做好学生研究性学习的指导，也能做好学生社团活动的指导等。

教师在教育体系中，担负如此多的角色，那么如何激励、管理、促进教师的专业发展，开展有效的教师评价，就成为一个重要的命题。在"葡萄树教育"体系中，我校为了让教师的工作更加指向学科教育，实施教学评一致的教学，让核心素养"落地"，促进教师专业发展。

## 一、教师评价目标

教育评价具有诊断、导向、激励等功能，我们可以利用教育评价发现教育教学过程中存在的问题，对整个教育教学活动进行方向引领和具体指导，利用教育评价对师生成长加以肯定和激励，从而完善教育管理体系，提升教育教学工作效率。在教师评价过程中，我们凸显学校"葡萄树教育"理念，调动教师内在发展动力，督促教师自我反省，更好地促进教师主动成长。

## (一) 引领教师更新观念

教师评价的目的，不是给教师排队，把教师分等级，而是要为教师提供教育教学的反馈信息，促进教师对自己的教育观念、教学行为进行反思，全面了解教学的优劣，从而不断地改进教学，提高专业水平，更好地培养学生。

比如，在教案评价时，我们重点关注以下几个内容：一是基于教材特点和学生实际，阐明自己的教学设计意图；二是在教学过程中，要凸显学生学习的过程，如自学策略、分享方式、展示汇报策略、学习效果反馈策略；三是要体现教师指导策略，如不同的学情如何针对性引领；四是要有教学反思或总结，能复盘教学得失，以便更好地推进今后的教学。

## (二) 改善教师教学方式

教师评价的目的不仅是反映教育教学的效果，还要利用教育评价的导向功能，改善教师教学方式，对教育实践进行指导引领。

比如，在设计教师作业时，根据学校的教育目标"促进教师的专业成长和学生的学业发展"，我们设计显性的具体指标加以评价，并通过评价进行引领指导。

作业评价指标既包括教师批改质量，还包括是否有对学生的引导、鼓励、示范，是否培养了学生良好的写作业态度和方式，鼓励学生及时上交作业。同时，引导教师重视、认真对待作业反馈，关注每个学生的成长，注重人性化交流。

而在课堂教学中，要设立多种维度，帮助教师树立以学生主动发展为主体的教育观念。比如在课上，看有多少学生专注参与学习活动，看参与发言、互动、交流的学生有多少，看学生自主学习的时间有多少、力度有多大，等等。

教师教学要重视学生综合能力的发展，鼓励学生参与"读书节""科技节"等多种展演评估活动。教师还要注重家校共育，鼓励家长参与到教育中来。学生的学习状态能映射出家长的教育观念和教育重视程度。因此，我们及时评价学生的在校发展情况，把家长也放到学校的激励机制中，使家校教育协同发展。

（三）发挥教育诊断功能

教师评价不仅是促进教育发展的关键抓手，也是师生自我认知、自我诊断、自我完善的重要途径。

每次开展教师评价后，学校会引领教师针对自己的评价结果进行反思、分析，发现教育教学中存在的问题。教师们向评价指标靠近的同时，也是他们在教育中自我完善、自我改进、自我调整的过程。如有的老师发现，由于自己没有严格要求后进生，班级作业不能如数上交；有的教师反思自己对学生的错题更正不够及时，造成学生学习漏洞较多；有的教师对学生书面要求还不到位，合格作业数量太少。

教师评价不应该只重视"结果"，更应该重视评价后的"反思和改进"，要利用评价的动力促进教师在反省中提升自己。

把教育评价贯穿教育过程之中，而不是落于教育过程之后，有利于及时调控、不断改进，在教育教学实践工作中有效促进师生发展。比如，我校利用教研活动及时研讨、指导、评价教师，使教师完善备课方式，提升备课的质量，端正教育观念。

（四）促进团队整体成长

一个人走得很快，一群人才能走得很远。教师评价的真正意义是促进老师们全体发展，而不是甄别优劣，把人分为三六九等。因此，我们需要正确看待教师评价，使其真正促进每个人的主动发展，促进全体教师的专业发展。我们在制定教师评价标准时，要全面设计指标，不仅涉及知识能力，还要涉及态度、情感、价值观等内容，除了对教师的个人素养有所要求以外，还要关注个体之间的合作，重视团队意识的培养。培养教师团队意识，鼓励他们团结协作，在团队中成长，形成教师的集体人格。

## 二、教师评价方案

教师评价对激励教师专业发展、保障教育教学质量起着关键作用，也是甄别教师素质、配置教师资源、有效管理教师的重要途径。为了破除"唯分数、唯升学、唯文凭、唯论文、唯帽子"的"顽瘴痼疾"，我们学校构建新时代科学合理的教师评价体系，破解教师评价的关键难题。

同时，我们也认为教育改革的效果与成败，与一套好的教师评价体系密切相关。因此，设计教师评价方案始终是我们教育改革的核心环节。设计教师评价方案时，我们特别关注三个方面的内容：一是教师在教书相关上的知识技能，二是教师在育人方面的德行和情感表现，三是教师对学生的学业成就的支持效果。在具体的教师评价中，我们有以下三个特点。

一是教师评价制度公开透明。我们尽力让全体教师都参与进来，增加教师评价过程的透明度，增加教师之间的良性互动，鼓励教师互相学习。我们在《巨各庄镇中心小学 2018—2019 学年度考核工作方案》中规定了考核范围，明确了考核内容和标准，让所有教师清晰考核方法和程序，自然、公开、公正，很容易被教师接受、执行。

二是教师评价考核方案科学。为了教师评价指标的科学、合理，我们完善教师评价的考核方案，确保每一位教师准确理解评价指标内涵和工作要求。另外，通过建立制度化和规范化的架构，为教师提供各种必要的支持和帮助，改进教师的专业能力和水平，最终达到促进学生全面发展的目标。

三是教师评价反馈机制及时。教师评价是为了教师更好发展，建立全方位的评价反馈体系，能够促进教师在专业领域成长更快。以校长为核心的评价小组要反馈更多与教师特征和专业发展相关的情况，对教师的优势及发展潜能提供反馈，促进教师专业发展。学科同事评价可借助教研共同体的学科经验与教学智慧，让教师充分了解自身的长处和不足，明确努力方向。教师自我评价有利于教师反思自己，在不断内省中，提升个人的专业实力。

以下为《巨各庄镇中心小学 2018—2019 学年度考核工作方案》和《巨各庄镇中心小学第三届"感动校园十大教师"评选实施方案》。

**巨各庄镇中心小学 2018—2019 学年度考核工作方案**

根据《北京市事业单位工作人员考核试行办法》（京人发〔2005〕103 号）精神，和《密云区教育委员会关于教职工考核工作的意见（试行）》（密教行〔2010〕13 号）规定，为做好 2018—2019 学年度的考核工作，充分发挥考核的评价、引导和激励作用，调动教职工积极性和创造性，结合工作实际，特制订 2018—2019 学年度考核工作方案如下。

一、考核领导小组

组长：孙翠明

组员：赵瑞平　李庆丰　许　艳　齐冬梅　王海亮　李亚静

　　　曹艳华　刘小红　马莉莉

二、考核人员范围

1. 2019 年 1 月本单位工资在册人员。

2. 在职的劳务派遣制工勤人员和校园保安等。

三、考核内容和标准

（一）考核内容：

1. 职业道德：包括政治表现和师德师风。

2. 工作表现：包括工作态度、业务能力和研究能力。

3. 工作绩效：包括完成工作的数量、时效、质量，取得效益及业务发展。

（二）考核标准：

考核结果分为优秀、合格、基本合格和不合格四个等次，各等次的基本标准是：

1. 优秀：表现突出，全面履行所聘任岗位职责，高质量完成工作任务，并在工作中取得突出成绩或做出突出贡献。

2. 合格：表现较好，能够履行所聘任岗位职责，全面完成工作任务。

3. 基本合格：表现一般，部分履行所聘任岗位职责，完成工作任务存在不足。

4. 不合格：表现差，不能履行所聘任岗位职责，不能完成工作任务。

（三）优秀等次的人数由教委根据各单位实际情况按比例确定（已下达到各单位）。

（四）凡有下列情况之一者，考核结果不能评为优秀等次：

1. 不能认真遵守教师职业道德规范的；

2. 违反规定的办学行为的；

3. 出现一般责任事故的；

4. 全年病事假累计超过一个月的。

（五）凡有下列情况之一者，考核结果评定为不合格等次：

1. 有体罚或变相体罚学生行为，造成严重后果的；或有其他严重违反教师职业道德规范行为的。

2. 在工作日期间到校外办学机构兼职兼课、有偿培训，组织学生接受有偿家教，经批评教育拒不改正的；其他时间从事有偿家教或未经学校同意从事兼职兼课等活动影响本职工作，情节严重的。

3. 出现严重责任事故的。

4. 以非法方式表达诉求、干扰正常教育教学秩序、损害学生利益的。

5. 连续旷工超过 10 个工作日或一年内累计旷工超过 20 个工作日的。

6. 拒不接受培训、交流、支教、班主任、教学安排及其他工作任务，情节严重的。

7. 因违法违纪行为受到纪律处分的。

（六）当年受党内严重警告及行政记过以上处分（含严重警告及行政记过处分）人员，在参加考核时，只写评语，不确定等次。

（七）本学年度内病事假累计半年以上的人员不能参加考核。

四、考核方法和程序

考核工作要注重实效，简便易行，采取平时与定期相结合、定性与定量相结合、单项与综合相结合的办法。

日常考核以年级组、教研组、相关部门为单位进行评价，通过个人述职，其他教师或相关人员测评的方式进行。

学年度考核的基本程序：

1. 被考核人个人总结，填写年度考核登记表。

2. 教职工在一定范围内进行述职，开展无记名考核测评，由被考核人的主管负责人在听取其他教职工意见的基础上，根据日常考核和被考核人的总结，提出考核等次初步意见。

3. 在充分考虑聘任在不同岗位等级的教职工业务水平和工作业绩方面应有不同要求的基础上，单位考核工作领导小组对考核初步意见进行审核，写出考核评语，确定考核等次。确定为优秀等次的人数不得超过指标数。

4. 考核结果确定后，在本单位公示，公示期为3天。

教职工对考核结果如有异议，可以在接到考核结果通知起十日内向本单位考核工作领导小组申请复核。考核工作领导小组在十日内提出复核意见，以书面形式通知本人。如对复核意见有异议，可在接到复核意见之日起十日内向区教委提出申诉。

考核工作结束后，要将考核结果及时存入本人档案。调动工作时，考核档案随同人事关系一并转移。

五、考核结果的使用

（一）教职工在学年度考核中被确定为优秀、合格等次，具有岗位聘任、职务晋升、工资晋升、培养培训、表彰奖励的资格。教职工学年度考核被确定为不合格等次，按有关规定予以低聘、转岗或解聘。

（二）考核结果作为发放学年奖的重要依据。

1. 优秀等次人员的学年奖高于合格等次人员，具体数额由教委根据本学年度的实际情况确定。

2. 被确定为基本合格等次和考核未定等次的人员，学年奖按不超过本单位学年奖合格等次标准的50%发放。

3. 未参加学年度考核和被确定为不合格等次的人员，学年奖不予发放。

2019 年 7 月 2 日

## 巨各庄镇中心小学第三届"感动校园十大教师"评选实施方案

一、指导思想

为贯彻落实《密云区中小学师德建设五年行动计划（2016—2020 年)》文件精神，大力弘扬教师爱岗敬业、乐于奉献、爱生如子、为人师表的崇高师德风尚，使校园有正能量、有正气，体现"葡萄树教育"的管理理念，经学校研究，决定开展第二届"感动校园十大教师"评选活动。通过活动，让教师们发现感动、传递感动、共享感动，从而发挥榜样作用，凝聚教师力量，营造活力、美丽、丰饶的校园文化氛围，构建和谐校园。

二、评选机构

"感动校园十大教师"评选委员会

组　长：孙翠明

副组长：赵瑞平　李庆丰

成　员：李桂侠、许艳、刘小敏、魏芳、王海亮（中小后勤组长）、齐冬梅（中心园组长）、李亚静（东白岩小学组长）、马莉莉（中小科任组长）、刘小红（中小班主任组长）、曹艳华（八家庄园组长）

三、评选范围

全校教师。

四、评选条件

1. 遵守国家的法律法规，全面贯彻党的教育方针，忠诚人民的教育事业。

2. 践行社会主义核心价值观，严格执行师德规范，具有良好的职业道德。

3. 立足自身岗位，以校为家，默默奉献、任劳任怨，不倦怠、不懈怠，为学生的成长、为学校的发展恪尽职守。在弘扬爱岗敬业、乐于奉献、爱生如子、为人师表、崇高师德风尚等方面事迹突出。

4. 团结协作，助人为乐，工作勤恳，具有一定影响力和带动力，在学校各项活动中热心参与、表现突出，为构建和谐校园起到一定协调作用。

五、评选程序

第一阶段：宣传发动（2019 年 12 月 11 日—2019 年 12 月 15 日）

在校园网上公布巨各庄镇中心小学首届"感动校园十大教师"评比活动方案，充分发动教职工参与评选活动。

第二阶段：部门推荐候选人（2019 年 12 月 18 日—2019 年 12 月 29 日）

教师以各部门为小组，采取适合本组实际的方式从本组教师中推选出候选人，候选人人数为本组教师总数的 20%，各组组长于 2019 年 12 月 30 日将候选人名单在干部会上进行公布。

第三阶段：组织测评（2019 年 12 月 30 日）

由评选委员会成员对各候选人进行测评。

第四阶段：公示阶段（2019 年 12 月 30 日—2020 年 1 月 1 日）

对"感动校园十大教师"名单进行为期一周的公示。入选教师准备 3 分钟个人事迹视频材料，于 2020 年 1 月 10 日一并上交到许艳老师处。

第五阶段：总结表彰（2020 年 1 月 17 日）

召开大会，进行表彰。为获奖者颁发证书和奖杯。

第六阶段：活动深化

学校将以"感动校园十大教师"评选活动为契机，广泛宣传，营造学先进、赶先进的氛围，将此项活动引向深入、具体，推动学校师德师风建设。

面对日新月异的学校，教师也在不断发展变化。在具体评价中，如何唤醒教师的主体意识，使教师认识到自己的优点，增强信心、发现不足，促进教师在原有水平上提高，是我们设计教师评价方案的一个关键问题。我们努力创设和谐、宽松、合作、求真的教学环境，明确教师的责任，考虑教书育人工作的特殊性，维持教育教学系统必要的均衡，破除"唯分数"论，真正让评价成为激励教师的最好手段。

### 三、教师评价特点

教师评价是促进教师发展和提高教学质量的有效手段，对激励教师、保障教育教学质量起着关键作用。教师评价，要从传统的甄别、鉴定、评判功能转向诊断、促进、发展，要通过评价评出一种育人导向，重新构建一种敬业、儒雅的师风。

没有任何一种评价是万能的，我们的教师评价主要想从靠外部评价驱动转向以精神、信仰的内驱动方向发展，主要呈现了以下几个特点。

#### （一）全面性

全面性是指对教师进行评价的时候，不仅关注教师教学工作的结果，更关注教师的专业发展过程，重视教师的个性差异和发展的多样性，根据被评教师的基础，予以客观评价。

我校建立全面的教师评价体系，从各个不同渠道，对教师的优势及其发展潜能提供反馈，促进教师专业发展。学科同事评价可以借助学科共同体的智慧与经验，让教师充分认识到自身的优势和不足，明确努力的方向。教师的自我评价有利于教师进行自我反思，使教师由被动接受评价转变为主动反省，让评价成为教师专业发展的"助推器"。另外，还有家长、学生的评价，让教师从另一个角度了解自己的专业素养。

当教师对评价结果不认同或不满意时，要让教师通过正常渠道来表达建议，形成信任、协作的教师文化氛围。学校还积极发挥教师工会组织的作用，避免教师在认为有不公平待遇时，产生负面情绪。

## （二）层次性

层次性评价是指从"人的发展"角度进行评价，对教师采取分类分层发展性评价。不同年龄段、不同层次、不同类别的教师专业发展需求和发展重点不一样。如果说"每个学生都有个性化的课程表"是我们教育的追求，那么每个教师也应有一个个性化的多元化评价方案。

比如，可以先按学科性质分类，再按年龄、职称，或教学荣誉层次分层。如此，同类同层组教师发展性评价标准一样，既符合"同类可比"的评价原则，也有利于同类教师竞争发展和统一考核管理。学校可以根据学校教师人数和分布结构进行分类分层。

如按学科性质可以分为学科教师、综合教师、实验教辅人员等。不同类别学科教师专业发展也有明显差异，文化学科教师侧重学科教学能力，体育、艺术、技术综合学科教师既要重视学科教学，也要重视课外活动组织能力和学科专业技能。如按职称可分为一级及以下教师、中级教师和高级教师，按年龄可分为年轻教师、中年教师和老教师，按教学水平可分为一般教师、区级骨干教师、市级骨干教师等。不同阶段和发展水平的教师，对其评价要求也就不同。

（三）过程性

评价的过程性，是指教师的教育教学成效和自身成长需要一个漫长的过程。而这个过程不一定都是线性递增，也可能是螺旋式上升。所以可以按照两年或三年一个周期，结合教师职业生涯规划和阶段工作表现、教育教学业绩和教科研成果做出阶段性综合评价。

在过程性评价中，学校会长远考虑教师的职业发展。教师入职时，学校要帮助其制定职业生涯发展规划，以学校、学科整体发展目标为蓝图，以教师个人学术特长为基础，制定切实可行的目标规划。关注教学科研进展，发现问题及时提出对策并加以改进。完善过程评价与学校年度教学考核、年度科研考核、岗位聘任考核、职称晋升考核等考核体系的关联性和一致性，对制定的目标进行全面的检查和评估。

短期性评价容易导致教师出现急功近利的思想和行为，最终导致学生高负担低效益，影响学生身心健康发展。过程性评价能够帮助教师更好地规划个人职业生涯，逐渐成长为能更好为学生发展提供支持的新一代教师。

总之，学校是促进教师专业发展的主阵地，而科学有效的评价机制，则对教师专业发展起重要作用。因此，我们应摒弃行政管理和绩效考核排序的思想，树立"为促进教师专业发展而评价"的教师评价新理念，改进教师评价目标、评价内容、评价方案，促进教师专业发展。

# 第二节 学生评价

我国正在进行新一轮的教育改革，教育评价制度改革作为重要任务，主要是在核心素养的基础上制定基础教育质量标准和课程标准，再来全面评价学生的发展水平。要改进教育评价，为学生提供发展性评价，形成素养、知识与能力并重的多元综合评价体系。

## 一、学生评价原则

教育部颁布的《中小学教育质量综合评价指标框架（试行）》，对学生评价有详细的说明。学生评价是教育评价的主要部分，对学校和教师的评价也包含对学生的评价，对学校和教师的评价要以对学生发展的评价为基础，离开了对学生发展的评价，就没有真正的教育评价。

首先，学生评价要特别注重品德。《中小学教育质量综合评价指标框架（试行）》里，在"品德发展水平"这项关键指标后面列出了指标考查要点，如"行为习惯"的考查要点是：学生在文明礼貌、勤俭节约、热爱劳动、爱护环境等方面的认知和表现情况。在这样的要求之下，具体活动的评价标准需要细化，要更具操作性。

其次，学生评价要遵循发展性理念，充分关注学生发展的过程。要关注学生进步、变化和未来发展的可能性，对学生在活动过程中的表现，取得的成绩，反映出的情感、态度、策略等进行评价。比如，可以设置进步奖，有利于对不同层次的学生进行科学评价；可以建立学生个体档案，记录学生的成长变化过程，以发展的观点看待学生。

最后，学生评价要丰富评价内容和方式，提高评价制度的全面性。评价制度可以由自我评价、同伴评价、第三方专业评价等多方共同完成，但要协调好比例，处理好评价结果的运用问题。其中，同伴评价可以是同学评价、教师评价、家长评价。评价时应友善、真挚。

学生评价是一个系统工程，它包含一系列环节，各环节环环相扣、密切联系、相互制约。无论采取何种评价方式，都应该记住学生是千差万别的，个性、能力等也存在不同，评价的唯一目的是有效促进学生的发展。

## 二、学生评价宗旨

教师要有一双锐利的眼睛，在教育教学中，选择适当的评价方式去促进学生的身心健康、学习习惯、思想品德等方面的发展。

### （一）建立多样性

评价方式多样，将有效地改进教学，全面提升学生的核心素养，促进学生的发展和提高，我们在评价方法上突出了多样性。

其一，活动评价。在"葡萄树"实践活动中，评价包括科学探究、实验、调查、科技制作、演讲表演、角色扮演等。实践活动评价是指对学生在实践活动过程中的表现和成果进行评价，可通过多种方法进行。例如，观察、记录和分析学生在活动过程中的参与意识、合作精神、表达交流、实验操作等；分析学生的实验成果，如创作与制作、调查报告、观察记录、实验报告等。

其二，书面评价。书面评价是常用的评价方法，我们的书面评价改变了以知识记忆为主、死记硬背的那种方式，努力创设能引起学生兴趣并且联系实际的情境，突出书面评价的探究性、开放性和创新性。

其三，个人成长记录。由学生、家长、教师记录学生各种学习活动的成长经历，包括学习内容、学习成绩，在校内外参加实践活动的过程、体会、成果及家长、教师的期望等内容，通过这些动态、发展、综合地对学生做出评价。

### （二）体现差异性

学生之间的差异是客观存在的，每一个学生都具有不同于其他人的素质和生活环境，都有自己的个性禀赋，都有自己的爱好、长处和不足，这一系列因素都会导致学生间存在差异。比如，有的学生善于动手制作，有的学生善于演讲发言，有的学生善于探究思考。在评价的时候，要关注每个学生的不同之处。

同时，学生的这种差异往往不仅表现在学习成绩的差异，还包括心理发展、个人爱好等诸多方面。可以说，每位学生成长经历的差异都会导致学生的发展轨迹不同，都会导致学生呈现特别的风采。

（三）突出发展性

学生评价的根本目的是为了更好地促进学生的发展。学生评价不能过分强调甄别与选拔功能而忽略改进与激励，所以突出评价的发展性功能是学生评价改革的核心。

学生的发展需要目标、需要导向、需要激励，评价的发展性体现为"一切为了学生"的教育理念。教师要用发展的眼光看待学生，逐步引导学生客观认识自己，提高他们的反省能力，使他们不因存在某方面不足而怀疑自我价值。

总之，教师在教育教学的过程中要把握好对学生的评价，要关注学生的学习过程，充分利用激励机制，在分析问题、思考问题、解决问题、表达能力等多方面，对学生进行及时合理的评价。我们在实际教学中，一直致力于适时、恰当地对学生的学习态度、行为、成果等进行评价，激发学生的学习热情和信心，帮助学生克服学习过程中的心理障碍，拓展学生的思维，提高学生的道德品质，融洽师生之间、同学之间的感情。

只有充分调动学生的积极性，提高学生的自信心，并充分挖掘和展现学生的个性潜能，推动他们在学习、思想、习惯上全面提高，才能真正把育人这件事落到实处。

# 第三节　课程评价

## 一、课程评价原则

课程评价原则是以对教育评价过程基本规律的主观反映为基础而做出的，对教育评价活动具有普遍的指导意义。好的课程评价应能促进和激励学生更多、更好地投入学习，帮助教师不断地反思和改进其教学，促进教师在专业上不断得到成长与进步。

### （一）导向性原则

课程评价作为新课程改革的重要内容，对课程的实施起着重要的导向和质量监控作用。通过评价标准表明评什么，通过评价方法表明怎么评，从而引导学校课程建设活动的努力方向，进而促进学生的发展。贯彻导向性原则，就是要按照评价指标和评价标准的要求对课堂教学进行评价，并及时反馈评价信息，随时进行调控，使课堂教学始终朝着正确方向发展。

通过教育评价体系，引导教师摒弃以教师为中心、以教材为中心的教学观，树立学生是教育教学的主体，教为学服务的现代教学观；引导教师自我反思，以调控自己的教育教学行为，促进课堂教学更优化。

教育评价标准应有明确的导向性，通过评价使评价对象的思想和行为不断地向评价标准靠拢。教育评价标准的导向性主要体现在两个方面：一是评价标准应体现当前教育改革发展的趋势，体现学校的培养目标。培养目标是学校课程整体设计的根本依据，我校顺应新课程改革需要，结合镇域资源，确立了"建设葡萄树教育品牌校"的办学目标和"培养美丽灵动阳光少年"的育人目标。二是课堂评价标准应体现现代教学观，即以学生个性发展为本的发展观，在教学过程中重视活动和交往的观念，尊重学生的个性。

（二）发展性原则

新课程改革的核心理念是"一切为了学生的发展"。课程评价是一个持续的动态过程，它不仅关注学生的发展，还对教师、课程等进行评价，通过各个方面和环节的诊断和调整，关注学生的需要和处境，尊重学生的差异，发展学生多方面的潜能，进而使学生逐渐成为适应社会与终身发展的锐意创新、勤于实践的人。《基础教育课程改革纲要（试行）》指出，改变课程评价过于强调甄别与选拔的功能，发挥评价促进学生发展、教师提高和改进教学实践的功能。因此，新课程评价的根本目的是为了学生和教师的发展。学校"葡萄树课程"目标的确立就是在学生的全面发展与个性发展之间追求适当平衡，满足学生的不同发展需求。

发展性课程评价注重教学过程，强调参与互动，提倡主体多元，关注个体差异，反对通过评价单纯给教师评优评差或评分定级。坚持发展性原则，使教师充分理解新课程的教学理念，不断调控和优化教学过程，提高教学水平，最终促进学生的全面发展。

（三）开放性原则

传统教学是一种以教师、教材为中心的做法，学生经常被当作处于一定年龄阶段的抽象的群体来认识。但新课程中的课程是动态的、生长性的，是教师、学生、教学材料与教学环境之间的持续互动；新的教学是师生交往、积极互动、共同发展的过程，它不是预设的，而是创生的；新的课堂不是静态的，而是鲜活的。因此，教学活动过程处于不断生成、不断变化之中，课程实施的过程是师生、生生、生本的多向、丰富、适宜的信息联系和反馈交流过程，是充满活力的，具有极为丰富的内涵。

主体的创造力决定了课堂教学中的诸多具体表现是难以预测的，所以，对课堂教学进行评价不可能用一个整齐划一的标准来框定教师和学生的行为，不可能用单一刻板的标准去衡量所有的课堂。我们应根据不同学科、不同教师、不同学生有不同的灵活变化，为评价者在评价过程中结合实际留有一定的空间，更为重要的是，它也为教师和学生留有广阔的创造空间，有利于激发教师个性化教学，鼓励学生创新。这是开放的教育、开放的课程、开放的教学的必然要求。

（四）多元化原则

新课程标准指出，评价的主要目的是全面了解学生的学习历程，激励学生的学习和改进教师的教学，应建立评价目标多元、评价方法多样的评价体系。课程评价改革主要体现在课程评价标准的多元化、评价对象的多元化、评价者的多元化、评价方式方法的多元化。

坚持多元化评价，在评价目标、评价标准、评价模式、操作技术等方面都应充分考虑对评价对象生命价值的尊重和对评价对象个体需要的尊重，为评价对象创设宽松民主的氛围，搭建彰显个性、展示才能的舞台，重视评价对象主体作用的发挥，增强评价对象对评价的认同感，激发其参与评价的积极性。

我校采取多元评价，开展艺术素质测评工作。在评价形式上，采用个人评价、小组评价和集体评价相结合的形式，提高学生鉴赏美、评价美的艺术素养。在评价内容上，从会欣赏、会倾听、会合作、会服从等方面进行多元评价。在评价方法上，通过监测与定期抽查、访谈与问卷调查等形式收集艺术素质测评数据，然后撰写学生艺术素质测评报告，及时总结梳理工作中的闪光点，弥补工作中的不足，做好此项评估工作。

（五）可行性原则

评价标准的确定，必须使评价可行，评分易操作，尤其是新的课堂教学评价的对象更多地侧重人的精神状态和心理变化，评价标准呈内隐状态，因此评价的可操作性就显得特别重要，否则再好的评价标准也得不到真正的实施。在制定评价标准时，应尽可能清楚地注明评价标准的相应含义、关键概念和具体的反应行为及行为指标。需要注意的是，评价标准不要过于琐碎，也不宜建构一个过于大而全的东西，只要让评价者知道主要应该从哪几个方面来观察就能判断这个评价指标的等级就可以了，最好不要将其细化为三级，甚至是四级指标。

总之，要客观评价教育教学活动，充分发挥评价促进教学的功能，必须在评价实践中提倡使用多样化的评价方式，将形成性评价与终结性评价有机结合，将定性评价与定量评价有机结合，将静态评价与动态评价有机结合，将他人评价与自我评价有机结合，而且要淡化评价功能，突显评价的促进作用。需要指出的是，评价方法是一把双刃剑，每一种方法都有自己的优势和局限性，如果在评价中忽视各种评价方法的特点，不顾地区、学校、教师本人的具体情况，也可能难以收到预期的效果。

## 二、课程评价标准

任何教育评价，都是通过制定评价指标体系和评价标准，规定和引导着教育努力的方向。教育评价的对象不外乎学生和教师，无论是对学生的发展进行评价，还是对教师的教育教学工作进行评价，都涉及"评什么"的问题。新课程强调建立促进学生全面发展、教师不断提高和课程不断发展的评价体系，在综合评价的基础上，更关注个体的进步和多方面的发展潜能。

评价标准是衡量评价对象达到评价指标要求程度的尺度，也就是说，规定相应的指标，被评对象达到什么程度才可获得相应的分数、等级或评语。评价标准是评价立场和价值尺度的反映，在评价活动中起着关键性作用。当然，评价标准的厘定会因评价主体、评价内容、评价情境的不同而有所不同，固定的标准模式在情境脉络中运用根本行不通。评价标准的确定是准确、全面、有效地进行评价的基础，也是使评价功能得以正常发挥的前提条件。那么，评价标准的情境性、科学性、适切性、可行性等都需要被关照到，标准厘定的依据何在，在特定背景下什么样的标准才是合理有效并被广泛接受的，这些都是课程评价研究的难点所在。

## （一）对学生的评价

我校在活力、美丽、丰饶的"葡萄树教育"引领下，一直致力于通过多种方式培养美丽灵动的阳光少年。教育是"以人为本"的，要关注每个学生潜能的开发、个性的发展，绝不能仅仅追求试卷上的满分。学生评价是课程评价的核心，学生评价改革的正确与否是课程改革成败的关键所在。

建立关照学生全面发展的评价指标体系，不仅要关注学生的学业成绩，还要发现和发展学生多方面的潜能，如学生的道德品质、学习愿望和能力、个性与情感以及创新意识和实践能力等。我校采取灵活多样、具有开放性的评价方法，及时发现学生发展中的需要，帮助学生认识自我、建立自信，激发其内在动力，从而促进学生实现个体价值。

1. 课堂激励性评价

即教师对学生进行有目的、有选择的、有方向、有尺度的激励、表扬和肯定，使学生产生积极向上的心理倾向，它是学生进步和成功的催化剂和助推器。

在运用上，我们要求教师要注意以下几点：

一是激励性的评价要及时、中肯。要根据学生的长处、亮点进行激励，把学生的一举一动、一言一行看在眼里、记在心头。切忌言过其实、过度夸张。

二是评价因人而异，绝不千人一面、千人一词。要依据学生的家庭背景、性格特征、可接受的方式因人而异。

三是评价的内容要多样化。如理想激励、目标激励、行为激励、榜样激励、关怀激励、表扬奖励、成就激励等。

四是态度要诚恳，要让孩子感受到真诚。

五是尽量不做无效激励。如不使用"好好好""棒棒棒"之类的评语。

### 2. 作业评价

通过对学生作业进行恰当的、有针对性的、激励性的评价，提升学生的学习积极性，培养他们良好的学习习惯，形成良好的学习品质。

评价过程中，教师根据学生的实际情况，可以针对某一两个学生的作业进行长期或阶段性评价，直到达到目的为止；也可以随机对几个孩子进行激励性评价。同时教师评语既要有激励性，又要有指导性、方向性。教师要把每天的评价填写到评价记录单（见表6-1）中，形成连续的、系统的评价轨迹，以便教师、学校进行科学的系统分析，为改进评价、提升评价效果提供依据。

表6-1 巨各庄镇中心小学作业评价记录单

| 班级 | | | 学科 | 评价教师 |
|---|---|---|---|---|
| 姓名 | 时间 | | 评语内容 | |
| | | | | |
| | | | | |
| | | | | |
| | | | | |
| | | | | |
| | | | | |
| | | | | |
| | | | | |

3. 增设三分钟表达，学生互评

为了让学生把通过阅读获得的内在素养，通过外显的语言表达出来，我校不分学科，统一增设三分钟表达环节。表达的内容可以和学科相联系，也可以独立呈现，只要求学生敢说、会表达。表达的内容可以是阅读作品中的精彩片段，可以是作品情节的总结复述，也可以是作品中人物的描述评价或是作品的再创造，还可以是自己的作品展示。表达按顺序，人人有机会。表达结束后，同学间互动互评，在互评中发扬优点、改进不足、共同提升。

此外，我们把学生的课外阅读纳入学生综合素质的考核之中。以检查促开展、以活动促提高、以评比促提升。采用活动评价、作品展示、读书记录卡等形式对学生的课外阅读进行评价，让学生建立自己的课外阅读档案，记录自己的阅读经历，积累自己的阅读收获。

新课程凸显整体育人的功能和价值，更加关注学生动手实践能力及创新意识的培养，注重综合实践活动课程及其包含的学科实践活动课程、开放性科学实践活动在课程体系中的地位和作用。新课程明确指出，增大学校的课程自主权，凸显区域和学校的课程领导力、建设力和执行力及课程特色。为此，我们突出地方、校本课程的时代性、开放性和灵活性，更加注重学生体验、合作、探究和基于信息技术的学习方式的变革，让学生生动活泼地发展。

### （二）对教师的评价

#### 1. 强调以自评方式促进教师教育教学反思能力的提高

自我评价对教师而言是一个连续不断的自我反思、自我教育、激发内在动因的过程，是教师专业成长的内在机制，是发展性课堂教学评价的关键。这种自我评价要求教师本人对自己的课堂教学进行评析和反思，让教师自主发现课堂教学中存在的问题，并积极寻求具体的改进策略。我校采取教师自录自评项目，即把自己精心准备的课录下来，课后回看，在回看过程中依据项目评价要素对自身的综合表现进行评判，继承优点，找出不足并加以改进。

学校建议教师从以下几方面进行评价（如表6-2所示）：学习目标是否明确（明目标）；教学内容是老师灌输还是让学生独立自学和操作（自主学）；学生不会的问题是否通过相互讨论和帮助来解决（合作探）；教师的点播是否精当并推到最后一步（精点拨）；教师是引领学生整体构建还是一开始就陷入细节当中（整构建）；教师是否注意引导学生归纳规律和学习方法（找规律）；环节设置是否合理

恰当，活而不乱（巧组织）；学习目的是否达成，是否高效率（高效率）；基本知识和技能是否每个学生都掌握（人人清）。从细节上讲也可以从以下几方面进行评价：教师的表达是否流畅、清晰；普通话是否标准；教师的表情是否亲切自然；板书是否规范、成系统；评价是否恰当并富有激励性、导向性；是否关注了全体学生；是否做到分层要求等。

表6-2 巨各庄镇中心小学自录自评表

| 评价项目 | 评价标准 | 效果（A\B\C） |
|---|---|---|
| 学习目标 | 是否明确 | |
| 教学内容 | 让学生独立自学和操作 | |
| 学习方式 | 学生不会的问题是否通过相互讨论和帮助来解决 | |
| 教师点播 | 精当并推到最后一步 | |
| 整体构建 | 引领学生进行知识整体构建 | |
| 学习方法 | 引导学生归纳知识的规律和学习方法 | |
| 教学环节 | 是否合理恰当，活而不乱 | |
| 板书设计 | 规范，系统 | |
| 课堂评价 | 恰当，富有激励性、导向性 | |
| 教师表达 | 流畅、清晰，普通话标准 | |
| 教师表情 | 亲切自然 | |
| 关注学生 | 关注全体 | |
| 其他 | 是否做到分层要求…… | |

2. 倡导建立多方主体共同参与、体现多渠道信息反馈的教师评价制度

管理者、同事、学生及其家长都是教师教学工作共同体中的一员，他们从不同角度和立场来观察和评价教师的表现，为课堂教学评价提供了丰富的有用信息。教师应该虚心听取他们对自己课堂教学的看法、意见和建议，并积极调整自己的课堂教学行为，不断提高课堂教学质量。

在师德建设中，我校灵活运用师德评价手册，既注重教师的日常管理，又注重教育教学成果展示，采取教师自评、互评，家长评、领导评等形式，对教师的德、能、勤、绩等方面进行综合评价，让"四有"教师（有理想信念、有道德情操、有扎实学识、有仁爱之心）成为所有教师的奋斗目标。在扎实的师德建设工作中，我校教师的精神面貌和专业素养有了很大变化，教师越来越阳光自信，越来越懂得奉献，同时学校各项工作也得到了进一步发展。

每学期开展三个行之有效、循序渐进的教学活动，即教研员引路课活动、骨干教师示范课活动、常态课评优活动，提高教师课堂教学水平。

请研修学院的教研员为教师上一节引路课，课后教师现场质疑，教研员结合自己的设计意图和教学效果，以答疑解惑的方式进行专题讲座，这种专家引领式的活动，效果非常好，老师们感觉特别"解渴"。

组织一些骨干教师上示范课，本学科任课教师都要听，课后及时组织评课、研讨。通过此活动，一方面为骨干教师提供展示、交

流才能的机会，使骨干向名师发展；另一方面带动全体教师共同提高课堂教学水平。

在听完引路课和示范课的基础上，用一个月的时间组织常态课教学评优活动。通过评优活动，提高教师课堂教学水平，提高常态课的教学质量。

我们对班主任的班级管理采用量化积分的办法进行评价。教学方面，将教师的备课、上课、课后分析，学生的作业、写字及师生参加的知识竞赛等纳入评价考核体系；行为习惯方面，将升旗、中队会、晨会、环境卫生、个人卫生、课间操、跑步、学生的课间活动等纳入考核体系；在班级文化方面，将板报、班训、班级目标、班内专栏等内容的设计、效果纳入量化积分范畴，进行管理；教育效果评价方面，通过班队会评优、"我最喜欢的老师"评选、学生家长调查问卷等形式对班主任工作进行量化管理。我们对班级管理情况每月进行一次评比，并在校园网和学校橱窗中进行公示，让每位教师和学生知道自己班级在学校管理中所处的位置，及时制定下一步的工作目标，从而调动师生的积极性，为提高教育教学质量奠定基础。

3. 建立以学论教、以教促学的发展性课堂教学评价模式

以学论教就是以学生的"学"评价教师的"教"，强调以学生在课堂教学中呈现的学习状态如学生的知识获得、过程参与、问题意识、思维水平、认知结构、情感体验、交流合作等为参照来评价课堂教学的质量。这就改变了传统课堂教学评价以教师为中心的以教论教状况，使教师的"教"真正服务于学生的"学"。

以教促学就是评价教师的"教"是否促进了学生的"学"，比如通过对学习环境的创设、学习资源的处理、学习方法的指导和教学过程的调控来促进学生的学习，以此评价教师的课堂行为表现对学生的"学"的价值，达到发展为本、师生共长的目标。

### （三）对课堂教学的评价

课堂教学评价的重点不在于鉴定教师课堂教学结果，把课堂教学结果作为判断教师是否已具备奖励或处罚的条件，而是诊断教师教学的问题，制定教师发展的目标，满足教师个人发展的需要。

我校原有的课程评价标准充分发挥了评价促发展的功能，是现有课堂教学评价的基础。"葡萄树课程"实施后，学校以原有评价为基础，结合课程改革现状适当调整，评价标准发生了一些变化，如表 6-3 和表 6-4 所示。

新课程要求以学生为主体开展课堂教学，强调知识与技能、过程与方法、情感态度和价值观的三维目标，评价课堂教学的焦点也应从"教师的教"转向"学生的学"。尤其是学生在课堂上的情感体验、探究行为及合作交流等方面，都应成为评价一堂好课的标准和依据。课堂教学评价的核心是"以学生发展为本"，建立促进学生全面发展的评价体系，以评价方式的变化促进教师转变观念，改进教学。我校实施"葡萄树课程"后，课堂教学评价设置 8 个评价项目、19 个评价要点，现具体予以说明。

**表 6 – 3　原课程实施评价表**

| 评价项目 | 评价要点 | 符合程度 | | |
|---|---|---|---|---|
| | | 完全符合 | 基本符合 | 不符合 |
| 教学目标 | （1）符合课标要求和学生实际的程度 | | | |
| | （2）可操作的程度 | | | |
| 学习条件 | （3）学习环境的创设 | | | |
| | （4）学习资源的处理 | | | |
| 学习指导与教学调控 | （5）学习指导的范围和有效程度 | | | |
| | （6）教学过程调控的有效程度 | | | |
| 学生活动 | （7）学生参与活动的态度 | | | |
| | （8）学生参与活动的广度 | | | |
| | （9）学生参与活动的深度 | | | |
| 课堂气氛 | （10）课堂气氛的宽松度 | | | |
| | （11）课堂气氛的融洽度 | | | |
| 教学效果 | （12）目标的达成度 | | | |
| | （13）解决问题的灵活性 | | | |
| | （14）师生的精神状态 | | | |
| 学科特色 | （1） | | | |
| | （2） | | | |
| | （3） | | | |
| 其他 | | | | |
| 评价等级 | A | B | C | D |
| | | | | |
| 评　语 | | | | |

### 表6-4　巨各庄镇中心小学"葡萄树课程"课堂教学评价表

年级：　　讲课教师：　　学科：　　课题：

| 评价项目 | 评价要点 | 符合程度 | |
|---|---|---|---|
| | | 基本符合 | 基本不符合 |
| 教学目标 | （1）符合课程标准和学生实际的程度 | | |
| | （2）可操作的程度 | | |
| 学习条件的准备 | （3）学习环境的创设 | | |
| | （4）学习资源的准备 | | |
| | ＊（5）学习活动的设计 | | |
| 学习活动的指导与调控 | （6）学习指导的范围和有效程度 | | |
| | （7）教学过程调控的有效程度 | | |
| 交流与反馈 | ＊（8）交流反馈的方式 | | |
| | ＊（9）交流反馈的效果 | | |
| 学生活动 | （10）学生参与活动的态度 | | |
| | （11）学生参与活动的广度 | | |
| | （12）学生参与活动的深度 | | |
| 课堂气氛 | （13）课堂气氛的宽松度 | | |
| | （14）课堂气氛的融洽度 | | |
| 教学效果 | ＊（15）问题解决的广度 | | |
| | （16）问题解决的灵活性和创造性 | | |
| | ＊（17）教师、学生的情绪体验 | | |
| 其他 | ＊（18）学科间的（穿越）整合<br>＊（19）学生课前表达效果 | | |
| 教学特色 | | | |
| 评课等级和评语 | | | |

（注：标＊号的表示与原有评价标准不同）

1. 教学目标

教学目标是评价课堂教学活动的重要依据。现代教学论认为,合理的教学目标是保证教学活动顺利进行的必要条件,它规定着教学活动的方向、进程和预期结果。我校课程评价标准的教学目标通过两个方面来体现:符合课程标准和学生实际的程度及可操作的程度。

《基础教育课程改革纲要(试行)》明确提出:"改变课程评价过分强调甄别与选拔的功能,发挥评价促进学生发展、教师提高和改进教学实践的功能,建立促进学生全面发展的评价体系。评价不仅要关注学生的学业成绩,而且要发现和发展学生多方面的潜能,了解学生发展中的需求,帮助学生认识自我,建立自信。发挥评价的教育功能,促进学生在原有水平上的发展。"因此,新课程背景下的课程评价要体现新课程的理念和要求,在评价上全面关注新课程目标的落实,尤其是学习能力、合作能力、创新能力、情感态度与价值观等方面课程目标的落实。

新课程更加贴近学生的生活,提供满足孩子现实生活、未来发展的课程,突出学生是现实生活中"完整的人"。从生命出发的课程评价观,其根本指向是人,立足学生生命幸福、价值实现、个体能动性的充分发挥。我校位于密云区东部有"酒香之路"美誉的巨各庄镇,是一所农村寄宿制小学。我们从学校实际出发,通过创设科技教育环境、购置科技教育设施设备、编写科技教育课程教材、开展科技教育活动等,进行科技教育实践与创新,逐渐形成具有农村特色的科技教育创新之路。同时将科技教育与镇域经济相结合,注重"本土资源"的开发与利用，增强学生的主人翁意识及社会责任感。

此外，评价指标体系要符合评价目标，符合评价对象的实际情况，要用可操作化的语言概括表达，要具体明确，易于评价对象接受和理解。

2. 学习条件的准备

新课程背景下，教师由课堂教学的传授者变为学生自主学习、探究学习和合作学习的指导者、参与者、交往者和促进者，因此，教师必须为学生创设富有激励性的，能启发学生思考、鼓励学生创新的学习环境，提供充足的学习资源，科学合理地设计学习活动，这也是课堂教学质量的重要保证。

我校每班有盆栽葡萄，集中摆放，分班管理；在镇政府的大力支持下，投资 100 多万元在校园西侧建成了近 2000 平方米的葡萄乐园，乐园内栽种 5 个品种 120 多棵葡萄，葡萄架下是 18 个班的小种植园，园内三个区域配备桌椅，能同时满足三个班级开展综合实践活动；在张裕爱斐堡生态园内，还有我们的校外实践基地，为孩子们的学习、探究、实践提供了更广阔的空间。此外，我校投资近 30 万元创建了葡萄科学探索实验室，把盆栽葡萄移入室内，学生通过观察、记录、拍照、拍摄视频等方式，积累研究素材。开展葡萄土壤层模型制作，盆栽葡萄日常管理中土壤湿度与浇水量的研究，葡萄叶生长变化的研究，坐果率的调查与研究，自制葡萄果汁的探究活动等，最后写出研究报告。这些都为学生开展葡萄实验和生态研究活动提供了保障。

我们研究创编校本教材，丰富学校课程资源，形成了"葡萄"主题课程群。我校依托科研课题《农村小学科技教育校本课程开发的研究》，尝试将多学科有机整合，开发了以"葡萄树教育"为主题的校本教材——《活力生长 美丽绽放》试用版。整本教材围绕"葡萄文化""葡萄科技"和"葡萄艺术"三大主题，开设了"葡萄的由来""我与葡萄文化""葡萄知识知多少""我与葡萄共成长""校园巧手葡萄娃娃""葡萄文学""绘美葡萄乐园"和"美丽绽放的葡萄娃"8 个单元的内容，其中涉及语文、数学、美术、音乐、综合实践、劳动技术、信息等学科的内容，是学校特色课程与各学科的融合，形成了以"葡萄"为主题的课程群。目前，这套教材已经开始使用，学生们在葡萄艺术、葡萄科技和葡萄文化的海洋中汲取营养，在葡藤翠绿的校园内，活力生长、美丽绽放。

3. 学习活动的指导与调控

建构主义认识论认为，学习是建构知识的过程，而知识是情境性的，即知识的意义必然与知识的环境联系在一起，并且又通过活动和运用不断发展和被理解。学习活动的指导与调控作为课堂评价标准之一，我们从以下两方面展开：学校指导的范围和有效程度以及教学过程调控的有效程度。

有效的教学应是让学生积极主动参与学习，通过探究活动和合作交流，使学生实现意义建构，形成对知识的真正理解，并产生积极的情感体验。我校通过对课堂教学过程的评价，实现对教学过程的调控，促使教师优化课堂教学。一个积极、有意义的课堂需要教师以饱满的热情进入课堂，提供有针对性和启发性的学习指导，采取及时有效的教学调控，激发学生的学习情绪，营造和谐、民主、活跃的课堂教学气氛，创造性地使用教材，注重学生的差异，给学生提供更多思考和创造的时间和空间等。

2016年，我校在"十三五"课题《农村小学科技教育校本课程开发的研究》的引领下，成立校本教材开发项目组，教师把积累的资料素材进行梳理提炼，开发了凸显绿色教育理念的"葡萄"特色课程。通过栽葡萄、管葡萄、摘葡萄、埋葡萄，学生获得热爱劳动的价值体验；通过观葡萄、拍葡萄、写葡萄、悟葡萄，学生发现"葡萄树"的奥秘，探究解决实际问题；通过塑葡萄、唱葡萄、诵葡萄、画葡萄，学生逐步提高审美能力和创造能力。

4. 交流与反馈

交流只有在活动中才能实现。学生和学生、学生和教师、学生和教材之间要保持多向、丰富、适宜的信息交流，要充分调动学生手、眼、口、脑等多种感觉器官，开发适合学生发展的活动内容、活动方式和足够的表达个人意见、展示个人才能的时间与空间。教师要真正做到与学生积极互动，关注学生的个体差异，指导学生富有个性地学习，使学生在自主、探究、合作的学习方式中受益。学生则要积极主动地参与到学习中去，提出学习和研究的问题，在师生间的多向交流中有自己的收获与体验。

5. 学生活动

新课程更加注重学生理想信念和核心素养的培养，关注学生的生命质量和价值，突出终身发展的核心素养；更加关注学生学习体验、动手实践及创新意识的培养，注重综合实践活动课程及其包含的学科实践活动、开放性科学实践活动在课程体系中的地位和作用，突出实践育人的价值。评价一堂课的因素有很多，首先要关注学生的参与状态。课堂教学是师生共同参与的双边活动，学生在课堂教学中的主体地位的确定，主要看学生参与活动的态度、广度和深度。

（1）学生参与活动的主动性、积极性和创造性状况。对活动的专注程度、喜欢程度，对周围环境中重要事情、现象的关注程度、主动参与程度，是否爱发表意见、爱出主意，是否有自己的看法，是否能用学过的知识解决一定的问题，是否能想出各种获取信息或解决问题的途径等。

（2）学生在活动中的合作精神。如是否认真参加活动，倾听、理解别人的发言，努力完成自己所承担的任务，主动提出研究建议，能否与他人合作，采纳他人意见和分享共同成果等。

（3）学生各种良好思想意识的发展状况。如环境保护意识、社会责任感、服务意识、安全意识、效率意识等。

（4）学生的注意力是否集中到学习的活动内容中，对学习的内容和方式是否感到兴奋、愉悦，是否踊跃参与各项学习活动。

（5）学生是否在完成了正规的活动内容之后，还想继续进行，具有进一步学习的愿望。有的学生在参与交往的活动中能够将所学知识用自己理解的语言或方法告诉别人，将教与学的角色集于一身，这说明学生的参与交往活动已达到一定深度。

6. 课堂气氛

评价一节课要关注课堂教学气氛，要营造和谐、民主、平等的气氛，改变传统课堂上教师讲学生听的"满堂灌"局面。我们从课堂气氛的宽松度和课堂气氛的融洽度两个标准进行评价，如学生人格是否受到尊重，学生讨论、答问、质疑是否得到鼓励，师生交流是否平等，学习进度是否张弛有度等。

7. 教学效果

课堂评价的着眼点是"教学效果"，即学生参与学习的状态和目标达成的效果。不管是课堂教学进行之前对学生的知识、技能准备情况的评价，还是课堂教学过程中对学生在形成相应认知、情感等教学目标时应有的心理和行为表现的评价，或是课堂教学之后通过作业、考试等来进行的评价，这些都是量化的评价。我们这里提到的效果评价主要是一种质性的评价，即评价者或者教师通过对课堂教学的观察、反思来获得相应的评价结论。通常这种评价关注的问题主要有：学生掌握教师所教的内容了吗？学生在认知、情感或技能方面取得了哪些进步？学习内容的巩固性与持续性怎样？学习内容的迁移性如何？

我们从问题解决的广度、问题解决的灵活性和创造性以及教师、学生的情绪体验三方面进行评价：（1）能达到预期的教学目标，能够激发学生的学习兴趣，促进学生知识结构的形成和基本能力的发展；（2）通过知情交融的活动方式，促进学生自主性、主动性的发挥和良好个性的形成；（3）让学生获得成功的心理体验，感受生活的乐趣，体验创造和成功的喜悦。

8. 其他

新课程改革注重学科之间的整合，综合课程是以分科课程改革者的面孔出现的，它针对分科课程分科过度精细的倾向，力主打破传统学科的界限。因此，课堂教学既要体现自身的特征，又要注重学科间的（穿越）整合。比如，我校将科技教育与综合实践、美术、音乐等学科整合，开展科技教育活动，让学生们在发现问题、自主探究、实践体验中获得知识、愉悦身心、增强意志。

需要说明的是，课堂教学评价标准只是从几个大的维度着手，更重要的是一种评价思想。它从宏观层面，从课堂教学的共性出发，对学科课堂教学评价起到一定的导向作用。

另外，我们认为课堂教学评价标准不必面面俱到，并不是上述维度都必须体现在每一堂课中。课堂教学评价还应该考虑面向不同层次的问题，如低中高年级的教学标准应有所区别。

（四）增加了学生对课堂教学的评价

在课堂评价中引入学生评价，是新课程评价改革的重要内容，对提高课堂评价的效度、促进师生共同发展有着重要意义。戴维·米德伍德指出，学生参与课程评价的原因在于：只有学生才知道他们体验到的课程实际上怎么样，学生能够就他们在学校所接受到的体验提供有建设性的反馈意见，有助于学生形成主体意识。也就是说，学生能够表达自身的学习兴趣和发展要求，对课程的价值和实施发表自己的看法。因此，学校应拓宽渠道，提高学生在课程评价中的参与度。表6-5为我校学生对教师的课堂教学评价表。

**表6-5  巨各庄镇中心小学学生对教师的课堂教学评价表**

评价人班级_____  姓名_____  评价时间_____

| 教师姓名 | 男 | 女 | 老 | 中 | 青 | 担任课程 | | | | |
|---|---|---|---|---|---|---|---|---|---|---|
| 评价项目 | 评价要点 | | | | | | 评价结果 | | | |
| | | | | | | | 优 | 良 | 中 | 合格 | 差 |
| 为人师表教书育人 | | | | | | | 10 | 8.5 | 7 | 6 | 5 |
| | 1. 仪表端庄，言传身教，具有爱心，师德高尚；<br>2. 教风严谨，严于律己，尽心尽职，循循善诱 | | | | | | | | | | |
| 教学效果技能水平 | | | | | | | 60 | 51 | 42 | 36 | 30 |
| | 1. 备课认真，讲课熟练，教态自然，语言准确，条理清楚，层次分明，重点突出，娓娓动听；2. 重视启发，思维活跃，方法多样，手段直观，效果优良；3. 板书工整，准确规范，布局合理，有助于记忆和复习；4. 教学技能熟练、全面 | | | | | | | | | | |

续表

| 教师姓名 | | 男 | 女 | 老 | 中 | 青 | 担任课程 | |
|---|---|---|---|---|---|---|---|---|
| 评价项目 | 评价要点 | | | | | | 评价结果 | | | | |
| | | | | | | | 优 | 良 | 中 | 合格 | 差 |
| 课堂管理 | 1. 师生关系民主、平等、和谐、合作；2. 课堂学习气氛热烈活跃，学生学习积极性高；3. 课堂管理严格，责任心强，纪律良好 | | | | | | 10 | 8.5 | 7 | 6 | 5 |
| 教学辅导 | 1. 教学辅导一视同仁，顾及全体、照顾个别；2. 辅导及时、耐心、细致 | | | | | | 10 | 8.5 | 7 | 6 | 5 |
| 作业批改 | 1. 作业布置题量适中、难易适当；2. 批改、讲评及时，评语、评讲认真 | | | | | | 10 | 8.5 | 7 | 6 | 5 |

| 总评等级 | 优 | 良 | 中 | 合格 | 差 | 总评得分 |
|---|---|---|---|---|---|---|
| | 100~88 | 87~75 | 74~65 | 64~55 | ≤54 | |

| 总评 | 评语： |
|---|---|
| | |

我们设置了 5 个评价项目、13 个评价要点。5 个评价项目中，教学效果、技能水平分值为 60 分，其他四项各 10 分，总分 100。评价结果划分为优、良、中、合格、差 5 个等级，100～88 为优，87～75 为良，74～65 为中，64～55 为合格，少于 54 为差。学生还可以写上评语。打分方式最直接也最直观，可以将教师的课堂效果加以量化。

让学生成为课堂评价的主体之一，加强了学生与教师之间的互动，既提高了学生的主体地位，将评价变成主动参与、自我反思、自我教育、自我发展的过程，又在相互协调沟通中，增进了双方的了解和理解，易于形成积极、友好、平等和民主的评价关系。需要指出的是，在评价前应充分引导学生，让他们对评价标准有足够的理解，尽量做到客观公正。

### 三、课程评价效果

教育目的不仅是教育活动应遵循的根本指导原则，而且也是检查、评价教育活动的重要依据。泰勒认为，评价必须建立在清晰地陈述目标的基础上，根据目标来评价教育效果，促进目标的实现。

我校从引领师生探究"葡萄科技"到建设"葡萄文化"，再到开发"葡萄主题课程"，探索出了农村学校优质发展之路。行走在这条路上，我们紧跟课改步伐，结合学校实际，创新评价方式，收到了一定成效。

（一）发展了学生的核心素养

对学生学习效果的评价，可以从目标达到、任务完成、达标测试、创新精神、实践作品、信息素养等方面入手。我校一系列的跨学科主题实践活动，使学生的学习方式得到了转变（自主、合作、探究等多样化的学习方式呈现在各学科课堂教学上）。通过各种评价，我校的教学方式从文本解读走向实践探索，从单纯重视知识走向价值观教育，从传统的学科教学走向综合育人、活动育人，从孤立的德育走向全员育人、全过程育人。

一是培养了学生的劳动能力。学生通过栽葡萄、管葡萄、摘葡萄、埋葡萄，学习葡萄的栽培与管理方法，通过亲身体验，获得热爱劳动的价值体认。在每天对葡萄的观察与管理过程中培养学生的责任担当意识，使其主动积极参与学校特色建设，树立热爱校园、热爱家长、热爱生活的情感与态度。

二是提升了学生的科学素养。学生通过观葡萄、拍葡萄、写葡萄、悟葡萄，发现葡萄树的奥秘，提出葡萄探究主题，通过实践探究解决实际问题，提升科学素养。学生在科技发明制作、论文撰写、科学探究、实践体验等一系列的活动中，通过发现问题、研究问题、解决问题，培养了创新思维。以葡萄叶片、藤条、果实生长情况的观察与研究为例，教师们设计了观察记录叶片和藤条的长势、研究葡萄花絮特征、观察葡萄果实生长变化、撰写葡萄生长观察日记、制作葡萄树生长短片等活动。我们的老师通过深入挖掘课程资源，实现了学科自主融入、自然融入，促进了学生的全员发展、全面发展、个性发展，提升了学生的综合素养。

三是提升了学生的艺术修养。通过塑葡萄、唱葡萄、诵葡萄、画葡萄，逐步提高学生的审美能力、创造能力和艺术素养。让学生收集有关葡萄的小故事和小文章，然后创编出自己的小故事、小文章，培养他们的表达与写作能力；找关于葡萄的诗词歌赋去诵读，感受传统文化的魅力；唱关于葡萄的歌曲，引导孩子自己去编一首关于葡萄的歌，甚至是有趣的儿童剧，边演边唱，提升创造力；开展葡萄创意绘画、陶艺制作等艺术教育活动，培养学生的审美情趣。

四是提升了学生的文学修养。通过朗诵、习作、古诗文鉴赏等活动，学生善于观察、勤于练笔，积淀了优秀传统文化底蕴，多名学生在区级演讲、古诗词大赛、作文竞赛中取得优异成绩，有位同学的《酒香之路的环保梦》获得"东方少年中国梦征文"特等奖。

五是强健了学生体魄。孩子们在足球、篮球、棒垒、乒乓球等体育运动中，锻炼身体、增强意志，拥有了克服困难的勇气，呈现出阳光、自信、健康、快乐的精神面貌。

### （二）教师得到了专业发展

通过对教师评价的改革，教师的教育观念得到了转变：教师真正体会到课程指向的不仅仅是知识，还有经验和体验；它不仅可以预设，而且可以在师生互动中生成；教学不仅仅是引导学生认识间接经验的过程，更多的是师生在主题活动中直接获取知识和技能。教师的综合素质较以前有了很大提高，对课堂的把握更加得心应手，对课改的理解更加深入，直接惠及了学生的全面发展。

教学相长，教师在辅导团队的同时，也提高了自身业务水平，在各类论文、案例、评优课的评比中荣获国家、市、区级奖励 126 项；李仕春、马莉莉两位老师在全国中小学教师培训中承担授课任务；2018 年我校五位教师成了新一轮区级骨干，三名教师赴广州、河北等地承担跨省市级的研究课任务，六名新教师做全区的研究课、公开课；多名干部教师在各项市区级活动中做典型发言，刘晓敏被评为"密云区十大师德榜样"，魏芳老师被评为"北京市特级教师"。

（三）学校获得了内涵发展

在密云区教委提出的学校文化建设"一校一品"的文件精神的引领下，我校以创建北京市文化建设示范校为契机，在探究葡萄科技、开展葡萄主题活动的过程中深入思考，在北京师范大学余清臣教授的指导下，调动全体师生的积极性、灵活性和创造性，进行深层梳理、顶层设计，形成了现在的文化理念体系：确立了以活力、美丽、丰饶为核心理念的"葡萄树教育"；把"培养美丽灵动的阳光少年"作为育人目标；以"建设葡萄树教育品牌校"为办学目标，创造性地开展教育评价工作，不断提升学校办学品质。

一是得到了国际友人的肯定。先后有新西兰、澳大利亚、美国等团体来校考察参观。二是得到了各级部门的认可。我校教师获得诸多荣誉和奖励。1 名教师被评为"紫禁杯教师"，5 人受到教委的师德表彰，3 名骨干教师承担北京市数字化学校课程录制工作。国家一等奖课例 5 人次，二等奖 8 人次，56 人次获得北京市教学设计

一、二等奖，县级教学评优中教师们也获得了较好成绩。近两年我校教师共做县级研究课、公开课 50 余节，90 余人次在市县级论文评比中获奖。学校获得"2019 年全国教育系统先进集体""2016 全国青少年科学调查体验活动优秀示范学校""北京市科技教育示范校""北京市小学生综合素质评价先进单位""北京市中小学校园文化建设示范学校""北京市首批中小学文明校园""北京市科研先进单位"等荣誉称号。学校党支部被教委评为"先进基层党组织"，学校连续 7 年获得"密云区教学改革成果奖"，连续 4 年被评为"密云区素质教育评价优秀单位"，连续 4 年获得"密云区优秀师德群体称号"，2017 年被评为"密云区'十二五'中小学教师校本培训先进单位"，2018 年获得"密云区教委系统安全工作先进单位""密云区学校体育工作先进单位""密云区卫生工作先进单位""密云区统计工作先进单位""密云区教委食品安全工作先进单位"等荣誉称号。三是引起了媒体的关注。中国教育电视台、北京电视台、密云电视台、新浪网等多家媒体多次报道我校的实践活动。四是提高了学校的声誉。我校多次承担市区级大型活动，2015 年 4 月 28 日，我校和下辖的东白岩小学承担了"义务教育均衡发展国检"任务，得到了检查组的高度赞许；2016 年 6 月 16 日，北京市中小学校长支持农村学校管理工作项目领导张雪书记带队到我校调研、考察，对学校的工作给予了充分肯定；2017 年 6 月 30 日，学校成功举行了"葡萄树教育的思索与行动——探索农村小学优质发展之路"展示活动，来自市内外的 160 余名专家、学者和干部教师参加了活动，对学校跨学科的综合实践活动课程给予了高度肯定。同时，我校的社会满意度也逐年上升。

　　"葡萄树"教育评价是全面提高育人质量,落实立德树人机制的重要途径。我们建立科学、公平、合理的评价体系,坚持评价的透明化、公开化、全面化,保障教师的专业提升与职业幸福,促进学生的全面发展与终身发展。